Oriana Fallaci
Brief an ein nie geborenes Kind

Oriana Fallaci

Brief an ein nie geborenes Kind

Aus dem Italienischen
von Heinz Riedt

Goverts

9. bis 18. Tausend

Deutsche Ausgabe:
Goverts im S. Fischer Verlag GmbH, Frankfurt am Main 1977
Die Originalausgabe erschien 1975 unter dem Titel
›Lettera a un bambino mai nato‹ bei Rizzoli, Mailand
Umschlagentwurf Hannes Jähn
Satz und Druck Georg Wagner, Nördlingen
Einband Hans Klotz, Augsburg
Printed in Germany 1977
ISBN 3 7740 0466 8

Die den Zweifel nicht fürchten
und nach dem Warum fragen,
unermüdlich,
auch wenn sie leiden und sterben müßten,
die sich dem Dilemma stellen,
Leben zu geben oder zu verweigern –
denen sei dies Buch gewidmet
von einer Frau
allen Frauen

Heute nacht erfuhr ich, daß du da bist: ein Tropfen Leben, dem Nichts entkommen. Ich hatte die Augen weit in das Dunkel hinein aufgerissen, und plötzlich flammte in diesem Dunkel ein Strahl von Gewißheit auf: ja, du bist da. Es gibt dich. Es war, als würde einem eine Kugel in die Brust geschossen. Mein Herz stockte. Und als es wieder zu schlagen begann mit dumpfen betäubenden Schlägen des Staunens, war mir, als stürzte ich in einen Schacht, wo alles Unsicherheit und Schrecken ist. Hier bin ich nun, eingesperrt in eine Angst, bei der mir Gesicht, Haar und Gedanken naß werden. Und ich verliere mich in ihr. Vielleicht kannst du es verstehen: es ist nicht die Angst vor den andern. Die andern kümmern mich nicht. Es ist nicht die Angst vor Gott. An Gott glaube ich nicht. Nicht die Angst vor dem Schmerz. Den fürchte ich nicht. Es ist die Angst vor dir, vor dem Zufall, der dich aus dem nichts gerissen hat, um dich an meinen Leib zu hängen. Ich war niemals darauf vorbereitet, dich aufzunehmen, obwohl ich dich sehr erwartet habe. Immer habe ich mir die schlimme Frage gestellt: wenn du nun gar nicht geboren werden möchtest? Wenn du es mir eines Tages zum Vorwurf machen und mich anschreien würdest: »Wer hat dich denn gebeten, mich zur Welt zu bringen, warum hast du mich überhaupt zur Welt gebracht?« Das Leben ist so eine Mühsal, Kind. Es ist ein Krieg, der sich Tag für Tag wiederholt, und seine Momente der Freude sind kurze Parenthesen, für die man einen schrecklichen Preis zahlt. Wie kann ich erfahren, daß es falsch wäre, dich wegzuwerfen, wie soll ich erraten, daß du dem Schweigen gar nicht wiedergegeben sein willst? Du kannst ja nicht mit mir reden. Dein Tropfen Leben ist erst ein Knäuel kaum begonnener Zellen. Vielleicht ist er noch gar kein Leben, aber Lebensmöglichkeit. Doch ich würde wer weiß was darum geben, wenn du mir mit einem Zeichen, einem Hinweis helfen könntest. Meine Mutter behauptet, ich hätte es getan und darum hätte sie mich zur Welt gebracht.

Weißt du, meine Mutter wollte mich nämlich gar nicht. Ich hatte aus Irrtum begonnen, in einem Augenblick der Unaufmerksamkeit anderer. Und damit ich nicht geboren würde, löste sie jeden Abend eine Medizin in Wasser auf und trank sie weinend. Trank sie bis zu dem Abend, als ich mich in ihrem Leib bewegte und ihr einen Fußtritt gab, um ihr zu bedeuten, daß sie mich nicht wegwerfen sollte. Sie war gerade dabei, das Glas Wasser an die Lippen zu führen. Sie nahm es augenblicklich weg und goß den Inhalt auf den Boden. Einige Monate danach kullerte ich mich siegreich in der Sonne, und ob das nun gut oder schlecht gewesen ist, weiß ich nicht. Wenn ich glücklich bin, denke ich, daß es gut gewesen ist, und wenn ich unglücklich bin, denke ich, daß es schlecht gewesen ist. Aber selbst wenn ich unglücklich bin, denke ich, daß ich es bedauern würde, nicht geboren worden zu sein, weil es nichts Schlimmeres gibt als das Nichts. Ich sage dir noch einmal, daß ich mich vor dem Schmerz nicht fürchte. Er entsteht mit uns, wächst mit uns, an ihn gewöhnt man sich wie an die Tatsache, zwei Arme und zwei Beine zu haben. Eigentlich fürchte ich mich auch nicht vor dem Sterben: wenn man stirbt, heißt das nämlich, daß man geboren worden ist, daß man aus dem Nichts herausgetreten ist. Das Nichts fürchte ich, das Nichtsein, sagen zu müssen, nicht dagewesen zu sein, und wenn auch nur durch Zufall, Irrtum, Unaufmerksamkeit. Viele Frauen stellen sich die Frage: warum eigentlich ein Kind in die Welt setzen? Damit es Hunger und Kälte leidet, damit es betrogen und beleidigt wird, damit es von Krieg oder Krankheit gemordet wird? Und leugnen die Aussicht, daß sein Hunger gestillt, sein Frieren erwärmt werden könnte, daß Treue und Achtung ihm freundlich sein könnten, daß es lange leben und versuchen könnte, Krankheiten und Krieg zu tilgen. Möglicherweise haben sie auch recht. Aber soll man das Nichts dem Leben vorziehen? Sogar in Momenten, wenn ich über meine Mißerfolge, meine Enttäuschungen und Nöte weine, komme ich zu dem Ergebnis, daß leiden immer noch dem Nichts vorzuziehen ist. Und wenn ich das auf das Leben erweitere, auf das Dilemma, geboren oder nicht geboren zu werden, muß ich am Ende mit aller Bestimmtheit sagen, daß geboren werden doch besser ist als nicht geboren werden. Aber darf man auch dir eine solche Überlegung aufzwingen? Ist das nicht, als würde ich dich nur für mich selbst zur Welt bringen? Ich habe kein Interesse daran, dich nur meinetwegen zur Welt zu bringen. Um so weniger, als ich dich überhaupt nicht nötig habe.

Du hast mir keine Fußtritte gegeben und mir keine Antworten geschickt. Wie solltest du auch? Du bist erst so kurze Zeit da: würde ich den Arzt um eine Bestätigung bitten, er würde nur spöttisch lächeln. Aber ich habe mich für dich entschieden: du wirst geboren werden. Ich habe mich aufgrund deiner Fotografie entschieden. Nicht genau deiner Fotografie, natürlich nicht: es ist die Fotografie irgendeines drei Wochen alten Embryos, veröffentlicht in einer Zeitschrift zusammen mit einer Reportage über das werdende Leben. Und während ich sie ansah, verging mir die Angst: rasch wie sie gekommen war. Du siehst aus wie eine geheimnisvolle Blume, eine durchscheinende Orchidee. Oben erkennt man eine Art Kopf mit den beiden Protuberanzen, die sich zum Gehirn entwickeln werden. Weiter unten eine Art Vertiefung, die sich zum Mund entwickeln wird. Drei Wochen alt, bist du kaum zu sehen, erläutert die Bildunterschrift. Zweieinhalb Millimeter groß. Und doch wächst in dir eine Spur von Augen heran, etwas, das einem Rückgrat gleicht, einem Nervensystem, einem Magen, einer Leber, einem Darm und Lungen. Dein Herz ist schon ausgebildet und groß: neunmal so groß wie meines in der Proportion. Seit dem sechzehnten Tag pumpt es Blut und klopft regelmäßig: Könnte ich dich wegwerfen? Was spielt es für eine Rolle, ob du durch Zufall oder Irrtum begonnen hast. Hat nicht auch die Welt, auf der wir leben, aus Zufall oder gar aus Irrtum begonnen? Einige sagen, daß im Anfang nichts als große Ruhe, großes regungsloses Schweigen war, dann gab es einen Funken, einen Riß, und was vorher nicht gewesen war, das wurde jetzt. Dem Riß folgten bald weitere Risse: zunehmend unerwartet, sinnlos, in Unkenntnis der Konsequenzen. Und unter diesen Konsequenzen tat sich eine Zelle auf, auch sie durch Zufall, womöglich durch Irrtum, die sich augenblicklich millionenfach, milliardenfach vermehrte, bis Bäume, Fische, Menschen entstanden. Glaubst du, jemand hätte sich vor dem Knall oder vor der Zelle die Frage gestellt? Glaubst du, er hätte sich gefragt, ob es ihnen paßt? Oder er hätte sich den Kopf zerbrochen, ob sie Hunger haben, frieren, unglücklich sein werden? Ich sage nein. Selbst wenn es diesen Jemand gegeben hätte, beispielsweise einen mit Anfang und Ende vergleichbaren, über Zeit und Raum stehenden Gott, so fürchte ich, er hätte sich um Gut und Böse nicht gekümmert. Alles geschah, weil es geschehen konnte, folglich geschehen mußte im Sinn einer Anmaßung, welche die einzige legitime Anmaßung war. Und für dich gilt die gleiche Überlegung. Ich übernehme die Verantwortung für die Wahl.

Ich übernehme sie ohne jeden Egoismus, Kind: dich zur Welt zu bringen, das schwöre ich dir, ist mir kein Vergnügen. Ich sehe mich nicht mit dickem Bauch auf der Straße gehen, sehe mich nicht, dir die Brust geben, dich baden, dir das Sprechen beibringen. Ich bin eine berufstätige Frau und habe eine Menge anderer Verpflichtungen und Interessen: ich sagte dir ja schon, daß ich dich nicht nötig habe. Trotzdem werde ich dich austragen, ob es dir paßt oder nicht. Trotzdem werde ich dich jene Anmaßung fühlen lassen, die auch ich und meine Eltern und meine Großeltern und die Großeltern meiner Großeltern zu fühlen bekamen: bis hin zum ersten menschlichen Wesen, das von einem menschlichen Wesen geboren wurde, ob es ihm paßte oder nicht. Hätte man dem – ihm oder ihr – die Freiheit der Wahl gelassen, wäre es wahrscheinlich erschrocken und hätte geantwortet: nein, ich will nicht geboren werden, nein. Doch niemand fragte es nach seiner Meinung, und so wurde es geboren und lebte und starb, nachdem es ein anderes menschliches Wesen geboren hatte, ohne es zu fragen, und dieses machte es ebenso, so durch Jahrmillionen bis hin zu uns, und jedesmal war es eine Anmaßung, ohne die wir nicht existieren würden. Hab Mut, Kind. Meinst du denn, ein Baumsamen braucht keinen Mut, wenn er in die Erde dringt und keimt? Ein einziger Windstoß kann ihn herauslösen, ein Mäusepfötchen kann ihn zerquetschen. Aber er keimt und hält stand und wächst und wirft andere Samen. Und wird ein Wald. Schreist du mich eines Tages an: »Warum hast du mich zur Welt gebracht?« dann antworte ich dir: »Ich habe nur getan, was die Bäume jahrmillionenlang schon vor mir taten, und ich dachte, es wäre recht so.«

Wichtig ist, seine Meinung nicht durch die Überlegung zu ändern, daß menschliche Wesen keine Bäume sind und das Leiden eines menschlichen Wesens tausendmal größer ist als das eines Baumes, weil es sich dessen bewußt ist, daß nicht alle Baumsamen auch Bäume hervorbringen: in ihrer übergroßen Mehrzahl gehen sie verloren. Eine solche Kehrtwendung ist möglich, Kind: unsere Logik steckt voller Widersprüche. Kaum hast du etwas behauptet, erkennst du auch schon das Gegenteil. Und merkst vielleicht, daß dieses Gegenteil ebenso gültig ist wie deine Behauptung. Demnach könnte mein Gedankengang von heute ohne weiteres, so im Handumdrehen, umgekehrt werden. Bitte: schon fühle ich mich verwirrt und durcheinandergebracht. Vielleicht, weil ich mich außer dir niemandem anvertrauen kann. Ich bin eine Frau, die sich entschieden hat, allein zu leben. Dein Vater ist nicht bei mir. Und das bedaure ich nicht, obwohl mein Blick zuweilen die Tür sucht, durch die er mit seinem festen Schritt hinausgegangen ist, ohne daß ich ihn zurückgehalten hätte, fast, als hätten wir uns nichts mehr zu sagen.

Ich habe dich zum Arzt gebracht. Mehr noch als die Bestätigung wollte ich ein paar gute Ratschläge. Als Erwiderung schüttelte er nur den Kopf und meinte, ich wäre ungeduldig, er könnte sich noch nicht äußern, ich sollte in vierzehn Tagen wiederkommen und mich auf die Entdeckung gefaßt machen, daß du nur ein Produkt meiner Einbildung gewesen wärst. Ich werde nur deshalb wiederkommen, weil ich ihm beweisen will, daß er ein Ignorant ist. Seine ganze Wissenschaft kann meine Intuition nicht aufwiegen, und wie soll auch ein Mann eine Frau verstehen können, die vor der Zeit behauptet, daß sie ein Kind erwartet? Ein Mann wird nicht schwanger, aber sag mal, weil wir gerade davon reden: ist das eine Bevorzugung oder eine Benachteiligung? Bis gestern hielt ich es für eine Bevorzugung, ja für ein Privileg. Heute halte ich es für eine Benachteiligung, geradezu für einen Mangel. Im eigenen Körper ein anderes Leben zu umschließen, sich zu zweit und nicht allein zu wissen, das hat schon etwas Glorreiches.

Manchmal erfüllt einen sogar ein Gefühl des Triumphs, und in der Gelassenheit, die den Triumph begleitet, kann einen nichts beunruhigen: nicht der körperliche Schmerz, den man auf sich nehmen muß, nicht die Freiheit, die man aufgeben muß. Wirst du ein Mann oder eine Frau? Ich wünschte, eine Frau. Ich wünschte, du würdest eines Tages empfinden, was ich empfinde: ich teile keineswegs die Meinung meiner Mutter, die es für ein Unglück hält, als Frau auf die Welt zu kommen. Wenn meine Mutter sehr unglücklich ist, stöhnt sie: »Ach, wäre ich doch nur ein Mann!« Ich weiß: unsere Welt ist eine von Männern für Männer gemachte Welt, ihre Diktatur ist schon so uralt, daß sie sogar bis in die Sprache hineinreicht. Im Italienischen sagt man uomo (Mann, Mensch) und meint damit Mann und Frau, man sagt bambino und meint damit Junge und Mädchen, man sagt omicidio und meint damit die Ermordung eines Mannes und die einer Frau. In den von Männern erfundenen Legenden zur Erklärung des Lebens ist das erste Geschöpf nicht etwa eine Frau: es ist ein Mann mit Namen Adam. Eva kommt nachher, um ihn zu amüsieren und Unheil anzurichten. Auf den Gemälden, die ihre Kirchen zieren, ist Gott ein alter Mann mit einem Bart: niemals eine alte Frau mit weißem Haar. Und alle ihre Helden sind Männer: von jenem Prometheus, der das Feuer brachte, bis zu jenem Ikarus, der zu fliegen versuchte, und hin zu jenem Jesus, den sie als Sohn des Vaters und des Heiligen Geistes erklärten: schon fast, als wäre jene Frau, die ihn geboren hat, ein Brutschrank oder eine Amme gewesen. Und trotzdem oder vielleicht gerade darum ist es so faszinierend, eine Frau zu sein. Es ist ein Abenteuer, das so viel Mut erfordert, eine Herausforderung, die einem nie zuviel wird. Du wirst so viel zu unternehmen haben, wenn du als Frau auf die Welt kommst. So wird dich, um gleich damit anzufangen, die Behauptung einen Kampf kosten, daß Gott, wenn es ihn gibt, ebensogut eine alte weißhaarige Frau oder ein schönes Mädchen sein könnte. Es wird dich auch einen Kampf kosten, darzulegen, daß die Sünde nicht an dem Tag entstand, als Eva einen Apfel pflückte: an dem Tag wurde eine wunderbare Tugend geboren, die Ungehorsam heißt. Schließlich wird es dich einen Kampf kosten, zu beweisen, daß in deinem glatten, gerundeten Körper eine Intelligenz existiert, die danach schreit, angehört zu werden. Mutter zu sein ist kein Beruf. Es ist nicht einmal eine Pflicht. Es ist nur ein Recht unter vielen anderen. Das hinauszuschreien wird sehr schwer für dich sein. Und du wirst oft, fast immer den kürzeren ziehen. Aber du darfst den Mut nicht verlieren. Kämpfen ist bedeutend schöner als siegen, reisen macht viel mehr Spaß als ankommen: wenn du angekommen bist oder wenn du gesiegt hast, fühlst du eine große Leere. Und um diese Leere zu überwinden, mußt du dich von neuem auf die Reise begeben, mußt dir neue Aufgaben stellen. Ja, ich hoffe, du bist eine Frau: mach dir nichts daraus, wenn ich Kind zu dir sage. Und ich hoffe auch, du wirst nie so sprechen wie meine Mutter. Ich habe es nie getan.

Aber wenn du als Mann geboren wirst, soll es mir auch recht sein. Vielleicht noch mehr, weil dir dann so viele Demütigungen, so viel Unterdrückungen, so viele Mißdeutungen erspart bleiben. Wenn du als Mann geboren wirst, brauchst du zum Beispiel keine Angst zu haben, auf dunkler Straße vergewaltigt zu werden. Brauchst dich keines hübschen Gesichts zu bedienen, um augenblicklich eingestellt zu werden, keines schönen Körpers, um deine Intelligenz zu kaschieren. Man wird nicht schlecht über dich reden, wenn du schläfst mit wem du magst, man wird nicht zu dir sagen, daß die Sünde an dem Tag entstand, als du einen Apfel pflücktest. Du wirst viel weniger Mühe haben. Du wirst einen leichteren Kampf haben mit der Behauptung, daß Gott, wenn es ihn gibt, ebensogut eine alte weißhaarige Frau oder auch ein schönes Mädchen sein könnte. Du wirst ungehorsam sein können, ohne verlacht zu werden, wirst lieben können, ohne eines Nachts mit dem Gefühl aufzuwachen, in einen Schacht zu stürzen, wirst dich wehren können, ohne beschimpft zu werden. Freilich erwarten dich andere Zwänge, andere Ungerechtigkeiten: auch für einen Mann ist das Leben nicht leicht, weißt du. Weil du stärkere Muskeln hast, werden sie von dir verlangen, daß du größere Bürden trägst, und werden dir willkürlich Verantwortung aufladen. Weil du einen Bart hast, werden sie lachen, wenn du weinst und sogar, wenn du Zärtlichkeit brauchst. Weil du einen Schwanz hast, werden sie dich dazu abkommandieren, im Krieg zu töten oder getötet zu werden, und deine Mittäterschaft bei der Fortführung der Tyrannei fordern, die sie einst in den Höhlen errichtet haben. Trotzdem oder gerade darum ist es ein ebenso wundervolles Abenteuer, Mann zu sein: ein Unternehmen, das dich nie enttäuschen wird. Jedenfalls hoffe ich es. Denn wenn du als Mann geboren wirst, hoffe ich, daß du so ein Mann wirst, wie ich ihn mir immer erträumt habe: freundlich zu den Schwachen, zornig zu den Überheblichen, großmütig zu denen, die dich gern haben, unversöhnlich zu denen, die dich herumkommandieren. Und schließlich ein Feind aller, die erzählen, der oder jener Jesus sei Sohn des Vaters und des Heiligen Geistes: nicht etwa der Frau, die ihn geboren hat.

Kind, ich gebe mir Mühe, dir zu erklären, daß Mann sein nicht bedeutet, einen Schwanz zu haben: es bedeutet, eine Person sein. Mir ist vor allem daran gelegen, daß du eine Person bist. Das Wort Person ist ein herrliches Wort, denn es legt einem Mann oder einer Frau keine Beschränkungen auf, errichtet keine Barrieren zwischen denen, die einen Schwanz haben, und denen, die keinen haben. Im übrigen ist die Unterscheidung zwischen denen, die einen Schwanz haben, und denen, die keinen haben, eine höchst fragwürdige: es handelt sich doch nur um die Fähigkeit, ein Geschöpf in seinem Körper heranreifen zu lassen oder nicht. Herz und Verstand kennen kein Geschlecht. Nicht einmal das Verhalten. Wenn du eine Person von Herz und Verstand wirst, dann vergiß nicht, daß ich bestimmt nicht zu denen gehöre, die dir Vorschriften machen werden, dich so oder so, wie ein Mann oder wie eine Frau zu verhalten. Nur um das eine werde ich dich bitten: das Wunder, geboren worden zu sein, wohl zu nutzen und dich nie von der Feigheit verleiten zu lassen. Sie ist eine ständig auf der Lauer liegende Bestie, diese Feigheit. Sie fällt uns alle an, Tag für Tag, und es gibt nur wenige, die sich nicht von ihr niedermachen lassen. Im Namen der Vorsicht, im Namen der Zweckmäßigkeit, bisweilen im Namen von Klugheit und Weisheit. Feige, solange sie von Gefahr bedroht sind, werden die Menschen übermütig, wenn die Gefahr vorüber ist. Du darfst der Gefahr nicht aus dem Wege gehen, niemals: auch nicht, wenn die Angst dich zurückhalten will. Schon auf die Welt zu kommen, birgt ein Risiko: später zu bereuen, daß man auf der Welt ist.

Vielleicht spreche ich dir allzu früh von solchen Dingen. Vielleicht sollte ich dir vorläufig noch Abscheulichkeiten und Trauriges verschweigen, dir lieber über eine Welt von unschuldigen und fröhlichen Dingen berichten. Doch das hieße, dich in eine Falle locken. Es hieße, dir vormachen, Kind, das Leben sei ein weicher Teppich, auf dem man barfuß laufen kann, und nicht eine Straße voller Steine. Steine, über die man stolpert und fällt, an denen man sich verletzt. Steine, vor denen man sich mit eisernen Schuhen schützen muß. Und nicht einmal das ist ausreichend, denn während du deine Füße schützt, gibt es immer irgendeinen, der einen Stein aufhebt, um ihn dir an den Kopf zu werfen. Nun, für heute bin ich am Ende, mein kleiner Sohn, meine kleine Tochter. Ist die Lektion bis zu dir gedrungen? Hätte mich jetzt jemand gehört, wer weiß, was er dazu sagen würde. Würde er mich für verrückt oder ganz einfach für grausam erklären? Ich habe mir deine letzte Fotografie angesehen; mit fünf Wochen bist du nicht einmal einen Zentimeter groß. Du veränderst dich ziemlich stark. Jetzt gleichst du nicht mehr so sehr einer geheimnisvollen Blüte, sondern eher einer ganz entzückenden Larve, nein, einem kleinen Fisch, dem eilig die Flossen sprießen. Vier Flossen, die Beine und Arme sein werden. Die Augen sind schon zwei winzige schwarze Krümelchen, umgeben von einem Kreis, und unten am Körper hast du ein Schwänzchen! Die Bildunterschrift erläutert, daß es in diesem Stadium fast unmöglich ist, dich von dem Embryo irgendeines andern Säugetiers zu unterscheiden: wärst du eine Katze, würdest du mehr oder weniger auch so aussehen, wie du jetzt bist. Es ist ja kein Gesicht da. Nicht einmal ein Gehirn. Ich rede mit dir, Kind, und du weißt es nicht. In der Dunkelheit, die dich umhüllt, weißt du nicht einmal, daß du existierst: ich könnte dich wegwerfen, und du würdest nie wissen, daß ich dich weggeworfen habe. Es wäre dir gar nicht möglich, jemals zu erkennen, ob ich dir nun ein Unrecht getan oder eine Wohltat erwiesen habe.

Gestern hatte ich einen Augenblick schlechter Stimmung. Du mußt das Gerede entschuldigen, daß ich dich wegwerfen könnte, ohne daß du überhaupt wüßtest, ob ich dir ein Unrecht getan oder eine Wohltat erwiesen hätte. Gerede, nichts weiter. Meine Entscheidung hat sich in keiner Weise geändert, auch wenn dies in meiner Umgebung Erstaunen auslöst. Heute nacht sprach ich mit deinem Vater. Ich sagte ihm, daß du bist. Ich sagte es ihm am Telefon, denn er ist weit weg; und gemessen an dem, was ich da hörte, habe ich ihm wohl keine gute

Nachricht gebracht. Vor allem hörte ich ein langes Schweigen: gerade als ob die Verbindung abgebrochen wäre. Dann kam eine stotternde heisere Stimme: »Was braucht es denn?« Ich antwortete, ohne zu begreifen: »Ich denke neun Monate. Nein, nicht einmal mehr acht jetzt.« Da war die Stimme auf einmal nicht mehr heiser, sondern wurde schrill: »Ich rede von Geld.« – »Was für Geld?« fragte ich. »Das Geld, um es loszuwerden, was denn sonst?« Ja, er sagte wirklich »loszuwerden«. Als wärst du irgendein Bündel. Und als ich ihm dann, so ruhig es ging, erklärte, daß ich etwas ganz anderes vorhätte, hielt er mir eine lange Rede, in der Bitten und Ratschläge, Ratschläge und Drohungen, Drohungen und Schmeichelworte einander abwechselten. »Denk doch an deine Karriere, überleg dir mal, was für eine Verantwortung, eines Tages könnte es dir leid tun, was werden denn die Leute sagen.« Er muß ein Vermögen für dieses Telefongespräch ausgegeben haben. Ab und zu schaltete sich das Fräulein vom Amt ein und fragte erstaunt: »Sprechen Sie noch?« Ich lächelte fast amüsiert. Aber ich fand es sehr viel weniger amüsant, als er dann, ermutigt durch mein schweigendes Zuhören, zum Schluß meinte, daß wir uns die Kosten teilen könnten: im Grunde genommen wären wir ja »beide schuld«. Mich ekelte. Ich schämte mich für ihn. Ich legte den Hörer auf und dachte, daß ich ihn einst geliebt hatte.

Hatte ich ihn geliebt? Eines Tages werden wir uns, ich und du, ein wenig über diese Angelegenheit unterhalten müssen, die man Liebe nennt. Ich habe nämlich, ehrlich gesagt, noch nicht begriffen, um was es sich dabei handelt. Ich vermute, es handelt sich dabei um einen

Riesenbetrug, den man sich ausgedacht hat, um die Leute bei Laune zu halten und sie abzulenken. Von Liebe reden Pfarrer, Werbeplakate, Literaten, Politiker, Leute, die zusammen schlafen, und indem sie von der Liebe reden und sie als Allheilmittel für jede Tragödie ausgeben, verwunden und betrügen und morden sie Seele und Körper. Ich hasse dieses Wort, das es überall und in allen Sprachen gibt. Ich-liebe-das-Gehen, ich-liebe-das-Trinken, ich-liebe-das-Rauchen, ich-liebe-die-Freiheit, ich-liebe-meinen-Geliebten, ich-liebe-mein-Kind. Ich bemühe mich, dieses Wort nie zu gebrauchen, mich nicht einmal zu fragen, ob das, was mir Verstand und Herz verwirrt, auch das ist, was man Liebe nennt. Tatsächlich weiß ich nicht, ob ich dich liebe. Ich denke nicht in Begriffen der Liebe an dich. Ich denke in Begriffen des Lebens an dich. Und dein Vater, ja, weißt du: je länger ich nachdenke, um so fester glaube ich, daß ich ihn nie geliebt habe. Ich habe ihn bewundert und mich nach ihm gesehnt, aber ich habe ihn nicht geliebt. Ebensowenig die andern, die vor ihm waren, enttäuschende Spukgestalten einer stets gescheiterten Suche. Einer gescheiterten? Zu etwas war sie immerhin gut: begriffen zu haben, daß nichts die eigene Freiheit so sehr bedroht wie jenes rätselhaft überschwengliche Gefühl, das ein Geschöpf für ein anderes empfindet, ein Mann für eine Frau oder eine Frau für einen Mann. Keine Fesseln, keine Ketten, keine Gitter zwingen dich in eine so blinde Sklaverei, in eine so verzweifelte Ohnmacht. Wehe, du schenkst dich jemandem im Namen dieses Überschwangs an Empfindung: es führt nur dazu, dich selbst, deine Rechte, deine Würde, also deine Freiheit zu vergessen. Wie ein Hund, der sich im Wasser abstrampelt, bemühst du dich vergeblich, ein Ufer zu erreichen, das es gar nicht gibt, das Ufer mit Namen Liebe und Geliebtwerden, und am Ende bist du ausgeschaltet, verlacht, bitter enttäuscht. Allenfalls fragst du dich dann noch, was dich dazu getrieben hat, ins Wasser zu springen: die Unzufriedenheit mit dir selbst, die Hoffnung, in einem andern das zu finden, was du in dir selbst nicht gesehen hast? Die Angst vor Einsamkeit, Eintönigkeit, Schweigen? Das Bedürfnis, Besitz zu ergreifen und besessen zu werden? Einige meinen, dies sei die Liebe. Aber ich fürchte, sie ist bedeutend weniger: ein Hunger, der einem, wenn er einmal gestillt ist, eine Art Magenverstimmung zurückläßt. Ein Übergeben. Und doch, Kind, und doch muß ja irgend etwas imstande sein, mich über die Bedeutung dieses verdammten Wortes aufzuklären. Irgend etwas muß mich doch herausfinden lassen, was sie ist und daß es sie gibt. Ich habe sie so nötig, mich hungert so sehr nach ihr. Und in dieser Not und diesem Hunger denke ich mir: vielleicht ist es richtig, was meine Mutter immer behauptet hat, die Liebe sei das, was eine Frau für ihr Kind fühlt, wenn sie es in die Arme schließt und merkt, wie allein, wehrlos und schutzlos es ist. Solange es wehrlos und schutzlos ist, beschimpft es dich wenigstens nicht und enttäuscht dich nicht. Wenn es nun dir vorbehalten wäre, mich den Sinn dieser fünf absurden Buchstaben entdecken zu lassen? Gerade dir, der du mich mir selber entziehst und mein Blut saugst und meinen Atem atmest?

Eine Andeutung gibt es. Liebende, die einander fern sind, trösten sich mit Fotografien. Und ich halte deine

Fotografien immer in der Hand. Das ist jetzt schon zu einer Art Zwangshandlung geworden. Sowie ich nach Hause komme, greife ich nach jener Illustrierten, rechne die Tage, dein Alter nach und suche dich. Heute bist du sechs Wochen alt geworden. Ja, hier bist du mit sechs Wochen, von hinten fotografiert. Wie niedlich du geworden bist! Nicht mehr Fisch, nicht mehr Larve, nicht mehr ein unförmiges Etwas, sondern du gleichst schon einem Kind: mit diesem großen, kahlen, rosa Kopf. Das Rückgrat ist gut zu sehen, ein weißer, innen dunkler Strich, deine Arme sind keine ungewissen Auswüchse mehr, auch keine Flossen, sondern Flügel. Dir sind Flügel gewachsen! Man hat richtig Lust, sie zu streicheln. Wie fühlt man sich so in einem Ei? Die Fotografien zeigen dich schwebend in einem durchsichtigen Ei, und das läßt an eine Kristallkugel denken, in die man eine Rose legt. Du an Stelle der Rose. Vom Ei geht eine Schnur aus, die in einer fernen weißen Kugel mit roten Äderungen und blauen Flecken endet. Auf den ersten Blick scheint sie unsere Erde zu sein, aus einer Entfernung von Tausenden und Abertausenden von Meilen gesehen. Ja, es ist geradeso, als ginge von der Erde ein unendlich langer Faden aus, so lang wie der Gedanke des Lebens, und käme aus diesen abgelegenen Weiten bis zu dir. Auf eine so logische und vernünftige Weise. Wie kann man denn nur behaupten, das menschliche Wesen sei ein unglücklicher Zufall der Natur?

Der Arzt hatte gesagt, ich sollte nach sechs Wochen wiederkommen. Morgen gehe ich zu ihm. Nadeln der Unruhe bohren sich in meine Seele, wechseln mit Aufwallungen von Freude.

Mit einer Stimme, die halb feierlich halb fröhlich klang, sagte er und hielt dabei ein Kärtchen in die Höhe: »Meinen Glückwünsch, Signora.« Unwillkürlich berichtigte ich: »Signorina.« Es war, als hätte er eine Ohrfeige bekommen. Feierlichkeit und Fröhlichkeit waren weg. Er sah mich mit betonter Gleichgültigkeit an und erwiderte: »Ach!« Dann nahm er seinen Schreiber, strich die Signora durch und schrieb Signorina. So verkündete mir die Wissenschaft in einem kalten weißen Zimmer durch die Stimme eines weißgekleideten Mannes, daß du da bist. Das hat mich in keiner Weise gewundert, weil ich es ja schon viel früher wußte als sie. Doch hat es mich überrascht, daß man meinen Familienstand so sehr betonte und die Berichtigung auf dem Kärtchen vermerkte. Das sah nach einer Warnung aus, nach einer bevorstehenden Komplikation. Auch die Art, wie mir die Wissenschaft gleich danach bedeutete, mich auszuziehen und auf dem gynäkologischen Untersuchungsstuhl Platz zu nehmen, war nicht freundlich. Arzt und Helferin taten, als wäre ich ihnen unsympathisch. Sie sahen mir nicht ins Gesicht. Statt dessen wechselten sie Blicke, um sich wer weiß was zu sagen. Als ich auf dem Stuhl lag, regte sich die Helferin sogar auf, weil ich die Beine nicht auseinandergenommen und auf die beiden Metallstützen gelegt hatte. Sie legte sie mir dann unwillig darauf, mit einem: »Hierhin! Hierhin!« Ich kam mir lächerlich und irgendwie obszön vor. Ich war ihr dankbar, daß sie mir den Leib mit einem Handtuch zudeckte. Aber dann geschah das Schlimmste, denn der Arzt zog einen Gummihandschuh an und stieß seinen Finger grob hinein. Mit dem Finger da drin preßte und tastete er, preßte wieder und tat mir weh, und ich fürchtete, er wollte dich zerdrücken, weil ich nicht verheiratet bin. Schließlich zog er ihn heraus und befand: »Alles in Ordnung, alles normal.« Er gab mir auch einige Ratschläge, sagte, daß Schwangerschaft keine Krankheit, sondern ein natürlicher Zustand sei und daß ich gut daran täte, das weiterzumachen, was ich bisher auch getan hätte. Ich sollte nur nicht zu viel rauchen, mich nicht überanstrengen, mich nicht mit zu heißem Wasser waschen, mir keine kriminellen Abhilfen einfallen lassen. »Kriminelle Abhilfen?« fragte ich verblüfft. Und er: »Sie sind gesetzlich verboten. Merken Sie sich das!« Um seiner Drohung Nachdruck zu verleihen, verschrieb er mir auch noch einige Luteintabletten und forderte mich auf, alle vierzehn Tage zu ihm zu kommen. Er forderte mich ohne jedes Lächeln dazu auf, bevor er mir zu verstehen gab, daß sein Honorar an der Kasse zu begleichen sei. Die Helferin hatte nicht einmal einen Gruß für mich übrig. Als sie die Tür zumachte, hatte ich den Eindruck, daß sie mißbilligend den Kopf schüttelte.

Ich fürchte, daß ich mich an solche Dinge werde gewöhnen müssen. Auf der Welt, auf die zu kommen du dich anschickst, wird trotz aller Worte über die veränderten Zeiten eine unverheiratete schwangere Frau meistens als verantwortungslos angesehen. Im günstigsten Fall als überspannt, provozierend. Oder als heldenhaft. Aber nie als Mutter wie alle anderen. Der Apotheker, bei dem ich die Luteintabletten holte, kennt mich und weiß genau, daß ich unverheiratet bin. Als ich ihm das Rezept gab, sah er mich betroffen an. Danach ging ich zum Schneider, um einen Mantel in Auftrag zu geben. Es wird bald Winter, und ich möchte, daß du es warm hast. Lauter Nadeln zwischen die Lippen gepreßt, um das Modell an mir abzustecken, fing er an, die Maße zu nehmen. Als ich ihm erklärte, er solle sie sehr weit nehmen, weil ich schwanger sei und im Winter dick sein würde, errötete er heftig. Er riß den Mund auf, und ich hatte schon Angst, er würde die Nadeln verschlucken. Er hat sie nicht verschluckt, gottseidank, sie sind auf den Boden gefallen. Auch sein Zentimetermaß ist ihm heruntergefallen, und es tat mir beinahe leid, ihn so in Verlegenheit gebracht zu haben. Dasselbe beim Commendatore. Ob es uns paßt oder nicht, der Commendatore ist derjenige, der mir meine Arbeit abkauft und uns das notwendige Geld zum Leben verschafft: es wäre unehrlich gewesen, ihm nicht Bescheid zu sagen, daß ich nach einer gewissen Zeit nicht mehr werde arbeiten können. Also ging ich zu ihm ins Büro und sagte ihm Bescheid. Der Atem blieb ihm weg. Aber dann fing er sich doch wieder und meinte stockend, er würde ja meine Entscheidung respektieren, ja, er würde mich in höchstem Maße dafür bewundern, daß ich mich so entschieden hätte, und er hielte mich für sehr mutig, aber es wäre doch besser, nicht gerade mit allen Leuten darüber zu reden. »Ja, unter uns, die wir über eine gewisse Weltoffenheit verfügen, aber doch nicht mit solchen Leuten, die nicht imstande sind, so etwas zu begreifen. Und um so weniger, als Sie Ihre Meinung schließlich noch ändern könnten, oder?« Er insistierte sehr auf diesen Punkt einer Meinungsänderung. Er sagte, daß ich mindestens bis zum dritten Monat noch

Zeit genug hätte, es mir anders zu überlegen, und das wäre dann nur ein Zeichen von Klugheit: ich sei doch beruflich so gut eingeführt, warum sollte ich da meine Karriere wegen einer Sentimentalität aufs Spiel setzen! Ich möge es mir gut überlegen, denn es handelte sich schließlich nicht nur um eine Unterbrechung von Monaten oder von einem Jahr: mein ganzes Leben würde eine neue Richtung nehmen. Ich würde nicht mehr über mich selbst verfügen können, und dann dürfe man ja auch nicht vergessen, daß mich das Unternehmen gerade darum so lanciert hätte, weil ich eben frei verfügbar sei. Er habe noch so viele schöne Projekte für mich in der Schublade. Wirklich: wenn ich es mir noch anders überlegen sollte, brauchte ich es ihm nur zu sagen. Er würde mir behilflich sein.

Dein Vater hat ein zweites Mal angerufen. Seine Stimme zitterte. Er wollte wissen, ob ich die Bestätigung erhalten hätte. Ich sagte ihm ja. Er fragte mich ein zweites Mal, wann ich »die Angelegenheit in Ordnung bringen« würde. Ich legte ein zweites Mal den Hörer auf, ohne ihm weiter zuzuhören. Eines verstehe ich nicht. Wenn eine verheiratete Frau bekanntgibt, daß sie in anderen Umständen ist, wird sie von aller Welt überschwenglich beglückwünscht, alle nehmen ihr die Päckchen aus der Hand, alle bitten sie, sich nicht zu überanstrengen und ruhig zu bleiben. Ach, wie schön, herzlichen Glückwunsch, nehmen Sie doch bitte Platz, ruhen Sie sich aus. Bei mir rühren sie sich nicht, bleiben stumm oder reden von Abtreibung. Du könntest es für ein Komplott halten, um uns zu trennen. Und es gibt Augenblicke, in denen ich voller Unruhe bin und mich frage, wer am Ende siegen wird: wir oder sie? Vielleicht kommt das von dem Telefongespräch. Er hat wieder bittere Dinge hervorgeholt, von denen ich dachte, sie wären vergessen, Kränkungen, von denen ich meinte, sie wären aus der Welt geschafft. Die mir jene zugefügt hatten, die mich begreifen ließen, daß die Liebe ein Schwindel ist. Die Wunden sind verheilt, die Narben kaum noch sichtbar, aber es braucht nur so ein Telefongespräch, und sie tun wieder weh. Wie alte gebrochene Knochen bei einem Wetterumschwung.

Dein Universum ist das Ei, in dem du seit sechseinhalb Wochen zusammengekauert, fast ohne Gewicht schwebst. Man nennt es den amniotischen Sack, und die Flüssigkeit, mit der er angefüllt ist, besteht aus einer Salzlösung; ihre Aufgabe ist es, dir den Kampf mit der Schwerkraft zu ersparen, dich vor Stößen zu schützen, die von meinen Bewegungen kommen, und schließlich auch, dich zu ernähren. Bis vor vier Tagen war sie sogar deine einzige Nahrungsquelle. Durch einen äußerst komplizierten und fast unbegreiflichen Prozeß hat du einen Teil davon geschluckt, einen andern absorbiert, wieder einen andern von dir gegeben und einen neuen produziert. Aber seit vier Tagen bin jetzt ich deine Nahrungsquelle: mittels der Nabelschnur. In diesen Tagen ist so viel geschehen: ich bin ganz begeistert und voller Bewunderung für dich, wenn ich daran denke. Die Plazenta, die dein Ei wie eine warme Hülle umschließt, hat sich gekräftigt, die Zahl deiner Blutkörperchen hat sich vermehrt, und alles vollzieht sich mit einer ungeheueren Schnelligkeit: die Anlage deiner Venen ist jetzt zu sehen. Deutlich sichtbar sind auch die beiden Arterien sowie die Vene der Nabelschnur, die dir meinen Sauerstoff und die chemischen Substanzen zubringt, die du benötigst. Außerdem hat sich deine Leber ausgebildet, alle deine inneren Organe sind in der Anlage vorhanden: sogar dein Geschlecht und deine Fortpflanzungsorgane kommen schon! Du weißt bereits, ob du ein Mann oder eine Frau sein wirst. Am meisten entzückt mich aber, daß deine Händchen schon da sind, mein Kind. Man kann deine Finger gut erkennen. Und du hast jetzt auch einen kleinen Mund: mit richtigen Lippen! Und den Ansatz einer Zunge. Du besitzt die Kavitäten für zwanzig Zähne. Und hast Augen. Winzig wie du bist, nicht einmal eineinhalb Zentimeter groß, und so leicht, nicht einmal drei Gramm schwer, hast du schon Augen! Es kommt mir unfaßbar vor, daß sich all diese Dinge innerhalb weniger Wochen ereignet haben. Wie unwirklich. Und doch muß es bei der Entstehung der Welt, als sich jene Zelle bildete und alles andere, was entsteht und atmet und vergeht, um wiederzuerstehen, so vor sich gegangen sein, wie es nun in dir vor sich geht: ein Gewimmel, eine Aufschwemmung, eine Vermehrung von Leben, die immer komplizierter, schwieriger, schneller, geordneter und vollkommener wird. Wie du dich anstrengst, Kind! Wer will da behaupten, daß du sanft schläfst, in den Schlaf gewiegt von deinem Wasser? Du schläfst nie und ruhst dich nie aus. Wer will da behaupten, daß du ganz in Frieden lebst, mitten in einer Harmonie von Klängen, die nur sanft und gedämpft an deine Membrane rühren? Ich bin sicher, daß bei dir ein dauerndes Plätschern ist, ein dauerndes Pumpen, Wehen, Rauschen, eine Explosion von Lärm. Wer will da behaupten, daß du träge Materie bist, fast wie eine Pflanze, die man mit einem Löffel ausheben kann? Wenn ich mich deiner entledigen will, sagen sie, ist dies der richtige Moment. Ja, er setzt jetzt gerade ein. Anders ausgedrückt, ich hätte abwarten müssen, bis du zu einem menschlichen Wesen mit Augen, Fingern und Mund geworden bist, um dich umzubringen. Nicht früher. Früher warst du zu winzig, um wahrgenommen und ausgerissen zu werden. Sie sind wahnsinnig.

Meine Freundin sagt, ich sei die Wahnsinnige. Sie, die Verheiratete, hat in drei Jahren viermal abgetrieben. Sie hat schon zwei Kinder, ein drittes wäre unmöglich gewesen. Ihr Mann verdient nicht viel, und sie hängt an ihrem Beruf, auf den sie nicht verzichten kann. Um die Kinder kümmert sich die Schwiegermutter; die Ärmste kann ja schließlich keinen Kindergarten aufmachen! Romantisch zu sein ist zwar sehr schön, sagt meine Freundin, aber die Realität ist eben etwas anderes. Nicht einmal die Hühner bringen die ganze Nachkommenschaft hervor, die sie haben könnten: würde aus jedem befruchteten Ei ein Küken, wäre die Welt ein einziger Hühnerstall. Weißt du denn nicht, wieviele Hühner ihre eigenen Eier austrinken? Weißt du nicht, daß sie nur ein- oder zweimal im Jahr brüten? Und die Kaninchen: weißt du nicht, daß bestimmte Weibchen ihre schwachen Neugeborenen auffressen, damit sie die andern alle säugen können? Wäre es da nicht besser gewesen, sie gleich bei ihrer Entstehung zu beseitigen, statt sie erst in die Welt zu setzen, um sie dann zu fressen oder fressen zu lassen? Ich bin ja der Meinung, man sollte es überhaupt nicht erst zur Empfängnis kommen lassen. Aber kaum berühre ich diesen Punkt, wird sie wütend und erwidert, daß sie selbstverständlich die Pille genommen hat. Sie hat sie zwar nicht vertragen, aber sie hat sie trotzdem genommen. Dann hat sie eines Abends die Pille vergessen, und daher die erste Abtreibung. Mit der Sonde, sagt sie. Ich verstand nicht recht, was diese Sonde ist. Eine Nadel, die tötet, nehme ich an. Aber ich habe verstanden, daß sie von vielen benutzt wird, in voller Kenntnis, daß sie unendliche Schmerzen und manchmal auch das Gefängnis zur Folge haben kann.

Du fragst dich, warum ich dir seit einigen Tagen nur davon spreche? Ich weiß nicht. Vielleicht, weil mich die andern damit bedrängen und darauf hoffen. Vielleicht, weil auch ich schließlich einmal daran gedacht habe, ohne es mir einzugestehen. Vielleicht, weil ich eine Unsicherheit, die mir auf der Seele liegt, keinem andern anvertrauen möchte. Allein der Gedanke, dich zu töten, könnte mich heute selber töten, und doch widerfährt es mir, daß ich ihn in Erwägung ziehe. Dieses Gerede über die Hühner macht mich konfus. Der Zorn meiner Freundin irritiert mich, wenn ich sie deine Fotografie anschauen lasse und ihr deine Augen und Hände zeige. Um wirklich deine Augen, um wirklich deine Hände sehen zu können, hielt sie mir entgegen, würde nicht einmal ein Mikroskop ausreichen. Sie schrie mich an, ich wäre eine Phantastin und würde mir noch einbilden, meine Gefühle und Träume mit der Vernunft zu erklären. Sie rief sogar: »Was ist dann mit den Kaulquappen, die du aus deinem Teich im Garten holst, damit sie nicht zu Fröschen werden und dich nachts mit ihrem Quaken stören?« Ich weiß, ich informiere dich in einem fort und unbarmherzig über die Gemeinheiten der Welt, auf die zu kommen du dich vorbereitest, über die Greuel, die wir tagtäglich begehen, setze dich allzu komplizierten Gedankengängen aus. Doch nach und nach reift in mir die Gewißheit heran, daß du sie begreifst, weil du bereits alles weißt. Das begann an jenem Tag, als ich mir den Kopf darüber zerbrach, wie ich dir erklären sollte, daß die Erde so rund ist wie dein Ei, daß das Meer aus dem gleichen Wasser besteht wie das, in dem du schwebst, und ich mich nicht ausdrücken konnte, wie ich eigentlich gewollt hätte. Plötzlich hatte ich die Intuition, daß meine Mühe ja unnötig ist und du schon alles weißt, viel mehr als ich selber; seitdem läßt mich der Gedanke nicht mehr los, daß meine Intuition richtig ist. Gibt es in deinem Ei ein Universum, warum sollte es dann nicht auch ein Denken geben? Unterstellt man denn nicht, das Unterbewußtsein sei die Erinnerung an die gelebte Existenz, bevor man das Licht der Welt erblickte? Ist es so? Und wenn du schon alles weißt, dann sag mir: wann fängt das Leben an? Sag mir, ich bitte dich inständig: hat das deine wahrhaftig schon begonnen? Wann? In dem Augenblick, als der Lichttropfen, den man Spermium nennt, deine Zelle durchstieß und teilte? In dem Augenblick, als dir ein Herz wuchs und Blut zu pumpen begann? In dem Augenblick, als sich in dir ein Gehirn herausbildete und ein Rückenmark und du menschliche Gestalt anzunehmen begannst? Oder muß dieser Augenblick noch kommen und du bist erst wie ein Motor, der zusammengesetzt wird? Was gäbe ich darum, Kind, könnte ich deine Stummheit bezwingen, in das Gefängnis eindringen, das dich umschließt und das ich umschließe, könnte ich dich sehen und von dir Antwort bekommen!

Freilich, wir zwei sind schon ein eigenartiges Gespann. Alles in dir ist von mir abhängig, und alles in mir ist von dir abhängig: wirst du krank, werde auch ich krank, sterbe ich, stirbst du auch. Aber ich kann mich mit dir nicht verständigen, und du kannst dich mit mir nicht verständigen. Bei all deinem womöglich unbegrenzten Wissen weißt du nicht einmal, wie mein Gesicht aussieht, was für ein Alter ich habe, was für eine Sprache ich spreche. Du weißt nicht, woher ich komme, wo ich mich befinde, was für ein Leben ich führe. Wolltest du dir vorstellen, wie ich aussehe, hättest du keinen einzigen Anhaltspunkt, um zu erraten, ob ich weiß oder schwarz, jung oder alt, groß oder klein bin. Und ich frage mich immer noch, ob du eine Person bist oder nicht. Niemals waren sich zwei Unbekannte, die in demselben Körper vereint sind, einander unbekannter, ferner als wir.

Ich habe schlecht geschlafen und hatte Schmerzen im Unterleib: warst du das? Ich habe mich unruhig im Bett hin und her gewälzt, mein Schlaf war bedrückt von absurden Alpträumen. In dem einen kam dein Vater vor, und er weinte. Ich hatte ihn noch nie weinen sehen, ich dachte, er wäre dazu gar nicht imstande. Seine Tränen klatschten wie Blei in meinen Gartenteich, und der Teich war voll von endlos langen gallertartigen Schnüren. In den Schnüren befanden sich kleine schwarze Eier, die in einem Schwanz endeten: Kaulquappen. Ich kümmerte mich gar nicht um deinen Vater, mir war einzig und allein darum zu tun, die Kaulquappen zu töten, damit sie nicht zu Fröschen würden, die mich mit ihrem Gequake nachts nicht würden schlafen lassen. Es war ganz einfach: man brauchte nur mit einem Stock die Schnüre herauszuheben und auf die Wiese zu legen, wo sie die Sonne ersticken und austrocknen würde. Aber die schlüpfrigen Schnüre rutschten in raschen schlängelnden Bewegungen ab, fielen ins Wasser zurück und versanken im Schlamm: es gelang mir nicht, sie auf die Wiese zu legen. Dann hat dein Vater nicht mehr geweint und mir geholfen, was ihm mühelos gelang. Mit einem Ast fischte er jene Schnüre aus dem Wasser, die ihm nicht wegrutschten, und schichtete sie auf dem Gras auf. Methodisch, ruhig. Und ich litt darunter. Denn es war, als sähe ich Dutzende, Hunderte von Kindern, die erstickten und in der Sonne verdorrten. Wie von Sinnen riß ich ihm den Zweig aus der Hand und schrie: »Laß sie! Du bist doch geboren worden, oder?« – In dem andern Alptraum war ein Känguruh. Es war ein Weibchen, und aus seinem Uterus kam etwas Kleines, Lebendiges: etwas wie eine ganz zarte Raupe. Es sah sich staunend um, fast als suchte es zu begreifen, wo es sei, und kletterte dann an dem behaarten Körper hinauf. Es kam nur langsam, mühevoll, strauchelnd, abrutschend und sich verirrend voran, aber zu guter Letzt hat es doch den Beutel erreicht und sich mit einer letzten, ungeheuerlichen Anstrengung kopfüber hineinfallen lassen. Ich wußte genau, daß nicht du das warst, daß es ein Känguruh-Embryo war, das auf solche Weise geboren wird, weil es der Gefangenschaft des Eis bald entkommt und sich draußen zu seiner endgültigen Gestalt entwickelt. Doch ich redete zu ihm, als wärst du es. Ich dankte ihm, daß es gekommen war, um mir zu zeigen, daß es kein Ding, sondern eine Person ist. Ich sagte ihm, daß wir beide uns jetzt nicht mehr fremd und unbekannt wären, und lachte vor Glück. Lachte ... Doch da kam meine Großmutter. Sie war sehr alt und sehr traurig. Auf ihren gebeugten Schultern schien die Last der ganzen Welt zu liegen. In ihren verbrauchten Händen hielt sie ein Püppchen mit geschlossenen Augen und übergroßem Kopf. Sie sagte: »Ich bin schrecklich müde. Ich büße für die Abtreibungen. Ich habe acht Kinder und acht Abtreibungen gehabt. Wäre ich reich gewesen, hätte ich sechzehn Kinder und keine einzige Abtreibung gehabt. Es stimmt nicht, daß man sich daran gewöhnt, jedesmal ist das erste Mal. Aber der Pfarrer hat das nicht begriffen.« Das Püppchen war so groß wie ein Kruzifix, eines von denen, die man in der Tasche mit sich trägt. Die Großmutter hielt es vor sich her wie ein Kruzifix und ging in die Kirche hinein, wo sie sich in einen Beichtstuhl kniete und etwas ins Gitter flüsterte. Aus dem Beichtstuhl schallte eine böse Stimme, die Stimme des Pfarrers: »Sie haben ein Kind getötet! Ein Kind!« Großmutter zitterte vor Angst, die andern könnten es hören: »Ich flehe Sie an, schreien Sie nicht so, Hochwürden! Sie bringen mich noch ins Gefängnis! Ich flehe Sie an!« Aber die Stimme des Pfarrers wurde nicht leiser, und da lief die Großmutter weg. Sie lief über die Straße und die Polizisten hinterher, und es war herzzerreißend, eine alte Frau so rennen zu sehen. Ich fühlte, wie mir ihretwegen die Sinne schwanden, und ich dachte: sie wird einen Herzschlag bekommen, sie wird tot umfallen. Die Polizisten holten sie vor ihrer Haustür ein. Sie rissen ihr das Püppchen weg und banden ihr die Arme. Sie sagte stolz: »Ich habe es bereut, aber ich würde es wieder tun. Gern tue ich es nie, aber ich kann nicht so viele Kinder ernähren. Ich kann nicht.« Diese Schmerzen im Unterleib haben mich aufgeweckt.

Ich darf meine Freundin nicht mehr sehen. Es sind ihre Reden, die mir diese Alpträume verschaffen. Gestern abend hat sie mich zum Essen eingeladen: ihr Mann war nicht da, sie hielt es für eine günstige Gelegenheit, über dich zu sprechen, und es war eine Qual. Ein Physiker, der Doktor H. B. Munson, scheint tatsächlich ihre Ansicht zu vertreten. Sogar ein Fötus, erklärt er, ist eine nahezu träge Materie, fast wie eine Pflanze, die man mit einem Löffel exstirpieren kann. Allenfalls kann man ihn als »kohärentes System unrealisierter Fähigkeiten« ansehen. Einige Biologen meinen allerdings, das Menschsein beginne mit der Empfängnis, weil das befruchtete Ei DNS enthält: Desoxyribonukleinsäure mit den Proteinen, die ein Individuum formen. Dieser These hält Doktor Munson entgegen, daß auch das Spermium und das unbefruchtete Ei DNS enthalten: wollen wir vielleicht das Ei und das Spermium als menschliche Wesen ansehen? Dann gibt es noch eine Gruppe von Ärzten, für die ein menschliches Wesen nach achtundzwanzig Wochen menschliches Wesen wird, also von dem Augenblick an, wo es auch außerhalb des Uterus weiterleben kann, falls es nicht ganz ausgetragen wird. Und schließlich eine Gruppe von Anthropologen, für die nicht einmal das Neugeborene ein menschliches Wesen ist; das ist nur jemand, der von kulturellen und sozialen Einflüssen geformt wurde. Fast wäre es zum Streit gekommen. Meine Freundin war für die Ansicht der Anthropologen, und ich neigte zu der der Biologen. Erregt warf sie mir vor, die Partei der Pfarrer zu ergreifen: »Katholisch bist du, katholisch, katholisch!« Das hat mich gekränkt. Ich bin nicht katholisch, und das weiß sie. Außerdem bestreite ich den Pfarrern jedes Recht, sich in diese Sache einzumischen, und das weiß sie auch. Aber ich kann nicht, ich kann auf gar keinen Fall den willkürlichen Standpunkt des Doktor Munson akzeptieren. Ich kann auf gar keinen Fall jemanden verstehen, der sich eine Sonde einführt, nicht anders als nähme er ein Abführmittel, um eine unverdauliche Speise loszuwerden. Es müßte denn ...

Es müßte denn was? Werde ich meinem Vorsatz untreu? Ich glaubte, inzwischen so sicher zu sein, alle meine Unsicherheiten, alle meine Zweifel so großartig überwunden zu haben. Warum kehren sie jetzt zurück, getarnt durch tausend Vorwände? Kommt das von diesem Unwohlsein, das mich schwindlig macht, von diesen stechenden Schmerzen im Leib? Ich muß stark sein, Kind. Ich muß mir und dir die Treue halten. Ich muß dich ganz austragen, damit du zu einem Erwachsenen wirst, der nicht dem schreienden Pfarrer in dem Traum, noch meiner Freundin und ihrem Doktor Manson, noch den Polizisten gleicht, die der Großmutter die Arme banden. Der erste betrachtet dich als Eigentum Gottes, der zweite betrachtet dich als Eigentum der Mutter und die dritten betrachten dich als Staatseigentum. Du gehörst nicht Gott und nicht dem Staat und nicht mir. Du gehörst dir selber, basta. Schließlich bist du es, der die Initiative ergriffen hat, und ich glaubte nur irrtümlich, dir eine Entscheidung aufzuzwingen. Wenn ich dich behalte, beuge ich mich nur deinem Geheiß in jenem Augenblick, als sich dein Tropfen Leben entfachte. Ich habe gar nichts entschieden, ich habe gehorcht. Von uns beiden, Kind, bist nicht du das mögliche Opfer: ich bin es. Ist es nicht dies, was du mir sagen willst, wenn du dich wie ein Vampyr an meinem Körper vergreifst, wenn du mir Übelsein verschaffst? Es geht mir schlecht. Seit einer Woche fällt mir das Arbeiten schwer. Mein eines Bein ist dick geworden. Es wäre schrecklich, wenn ich die nun schon festgesetzte Reise verschieben müßte. Der Commendatore hat es anscheinend gemerkt. Fast drohend fragte er mich heute, ob ich wohl »könne«, und fügte noch hinzu, daß er es wünsche. Es geht um ein wichtiges Projekt, das genau auf mich zugeschnitten wurde. Ihm ist daran gelegen und mir auch. Wenn ich nun nicht fahren könnte . . . Aber natürlich fahre ich. Hat der Arzt nicht gesagt, eine Schwangerschaft sei keine Krankheit, sondern ein normaler Zustand und ich soll auch weiterhin tun, was ich bisher getan habe? Du wirst mir keinen Kummer machen.

Es ist etwas eingetreten, was ich nicht vorausgesehen habe: der Arzt hat mir Bettruhe verordnet. Da liege ich nun fest. Ich muß ruhig und ausgestreckt liegen. Keine einfache Sache, verstehst du, weil ich ja allein lebe. Wenn es klingelt, muß ich aufstehen und die Tür öffnen. Und dann muß ich essen, muß mich waschen. Um mir eine Suppe zu kochen oder um ins Bad zu gehen, muß ich das Bett verlassen. Muß ich? Um das Essen kümmert sich vorläufig meine Freundin. Ich habe ihr die Schlüssel gegeben, und die Ärmste bringt es zweimal täglich. Ich rief ihr zu: »Du hast doch kein drittes Kind mehr gewollt, und jetzt bist du drauf und dran, eine Erwachsene zu adoptieren!« Sie erwiderte, eine Erwachsene sei besser als ein Neugeborenes: man brauche sie nicht zu stillen. Glaubst du's mir, wenn ich dir jetzt sage, daß meine Freundin ein guter Mensch ist? Sie ist es. Und nicht nur, weil sie herkommt: auch, weil sie nicht mehr von diesem Munson und von ihren Anthropologen redet. Sei unbesorgt: es besteht keine Gefahr. Der Arzt hat noch einmal untersucht und ist zu dem Ergebnis gekommen, daß du dich gut entwickelst; und das Stilliegen ist nur eine Vorsichtsmaßnahme wegen der Schmerzen, die er anderen Ursachen zuschreibt. Du bist zwei volle Monate alt, und diese Zeit ist ein sehr heikles Übergangsstadium: der Embryo wird nun zum Fötus. Du bildest deine ersten Knochenzellen, die an die Stelle der Knorpel treten werden. Du reckst die Beine geradeso wie ein Baum seine Äste treibt, und an deinen Füßchen bilden sich jetzt auch die Zehen. Wir müssen uns in acht nehmen bis zum dritten Monat, und dann können wir unser gewohntes Leben wieder aufnehmen.

Dieses ruhige und ausgestreckte Liegen wird nur eine Angelegenheit von vierzehn Tagen sein. Also habe ich den Commendatore angeschwindelt und behauptet, ich hätte eine starke Bronchitis. Er hat es mir geglaubt und versichert, die Reise könne alles in allem auch noch warten: es müßten ohnehin noch eine Menge organisatorischer Details geregelt werden. Gott sei Dank. Wüßte er, wie es wirklich steht, könnte er jemand andern an meiner Stelle schicken. Und mich nach abgelaufener Frist entlassen. Wovon sollte ich dann leben? Übrigens hat sich dein Vater überhaupt nicht mehr gerührt. Ich vermute, er will mit der ganzen Sache nichts zu tun haben. Bedauerst du das? Ich nicht: das wenige, das ich für ihn empfand, ist mit zwei Telefongesprächen verflogen. Ja, schon allein dadurch, daß er mich angerufen hat, statt mir in die Augen zu sehen. Nach seiner Rückkehr hätte er doch vorbeikommen können, findest du nicht auch? Er weiß genau, daß ich nicht von ihm verlangen werde, mich zu heiraten, daß ich es nie von ihm verlangt habe, daß ich gar nicht heiraten will, niemals. Was hindert ihn also? Fühlt er sich etwa schuldig, mich in einem Bett geliebt zu haben? Eines Tages ging Großmutter wirklich zur Beichte, und der Pfarrer gab ihr diesen Ratschlag: »Gehen Sie nicht mit Ihrem Mann ins Bett, tun Sie's nicht!« Für gewisse Leute besteht im Grunde die wahre Schuld eines Mannes und einer Frau darin, daß sie sich im Bett lieben. Damit man keine Kinder bekommt, sagen sie, braucht man nur keusch zu werden. Bitte sehr: da es ein wenig schwer ist, festzulegen, wer nun keusch sein muß und wer nicht, werden wir eben alle keusch und verwandeln uns in einen

Planeten von Alten. Millionen und Abermillionen zeugungsunfähiger Alter. Und das Menschengeschlecht stirbt aus wie in den Science-Fictions, die sich auf dem Mars abspielen, vor dem Hintergrund herrlicher zusammenfallender Städte: in denen nur Gespenster wohnen. Die Gespenster all derer, die hätten sein können und nicht gewesen sind. Die Gespenster der nie geborenen Kinder. Oder wir werden alle homosexuell, und das Ergebnis wäre das gleiche: ein Planet zeugungsunfähiger Alter vor dem Hintergrund herrlicher zusammenfallender Städte, in denen nur die Gespenster der nie geborenen Kinder wohnen . . .

Und wenn wir nun die Alten heranziehen würden? Irgendwo habe ich gelesen, daß man Embryos verpflanzen kann. Eine Errungenschaft der technologischen Biologie. Man nimmt das befruchtete Ei aus dem Leib der Mutter und verpflanzt es in den Leib einer anderen, aufnahmebereiten Frau. Und dort läßt man es heranwachsen. Also, wenn dich eine andere Frau aufnehmen würde, beispielsweise eine Alte, für die es kein Unglück ist, in Bewegungslosigkeit zu verharren, würdest du ebenso geboren werden und ich brauchte mich hier nicht zu quälen. Kinder zu bekommen ist eigentlich eine Sache der Alten. Sie sind so geduldig, die Alten. Wäre es dir sehr zuwider, in einen Leib transplantiert zu werden, der nicht der meine ist? Ein guter alter Leib, der sich nie gegen dich auflehnt? Warum auch? Ich würde dir ja nicht dein Leben verweigern. Ich würde dir nur eine andere Herberge geben. Verzeih. Ich rede Unsinn. Schlimm, daß diese Unbeweglichkeit auch mich nervös und böse macht.

Heute bekam ich eine reizende Überraschung. Es klingelte, ich stand ärgerlich auf, und es war der Briefträger mit einem Luftpostpäckchen. Es kam von meiner Mutter, dazu ein Brief mit ihrer und Papas Unterschrift. Vor ein paar Tagen hatte ich ihnen von dir geschrieben. Ich hielt es für meine Pflicht. Morgen für Morgen hatte ich mit Bangen auf ihre Antwort gewartet, und mir war es kalt über den Rücken gelaufen, wenn ich an die harten und schmerzerfüllten Dinge dachte, die sie mir vielleicht schreiben würden. Es sind zwei Menschen vom alten Schlag, weißt du. Aber in diesem Brief steht, daß sie sich wohl verwirrt und betroffen fühlen, sich aber trotzdem freuen und dich willkommen heißen. »Wir sind jetzt zwei dürre Bäume und haben dich nichts mehr zu lehren. Du bist es jetzt, die uns etwas lehren kann. Wenn du so entschieden hast, dann heißt es, daß es so recht ist. Und wir schreiben dir, um dir zu sagen, daß wir deine Lehre annehmen.« Nach dem Brief öffnete ich das Päckchen. Es enthielt eine kleine Plastikschachtel, darin ein Paar weiße Schühchen. So winzig, so leicht und weiß. Deine ersten Schuhe. Sie finden auf meiner Handfläche Platz, bedecken sie nicht einmal ganz. Und mir schnürt es die Kehle zu, wenn ich sie anfasse, das Herz geht mir über. Meine Mutter wird dir gefallen. So wirst du zwei Mütter haben, und das wird ein wahrer Segen sein. Sie wird dir gefallen, weil sie glaubt, daß die Welt ohne Kinder zu Ende geht. Sie wird dir gefallen, weil sie dick ist und weich, einen dicken und weichen Bauch hat, auf dem du dich niederlassen kannst, zwei dicke und weiche Arme hat, um dich zu beschützen, und dazu ein Lachen, das ein Konzert von Glöckchen ist. Ich habe nie verstanden, wie sie es fertigbringt, so zu lachen: aber ich glaube, weil sie schon so viel geweint hat. Nur wer viel geweint hat, kann das Leben in seinen Schönheiten schätzen und gut lachen. Weinen ist leicht, lachen ist schwer. Diese Wahrheit wirst du gleich kennenlernen. Deine Begegnung mit der Welt wird ein verzweifeltes Weinen sein, in der ersten Zeit wirst du nur weinen können und sonst nichts. Alles wird dich zum Weinen bringen: Licht, Hunger, Ärger. Wochen, Monate werden vergehen, ehe dein Mund sich zu einem Lächeln öffnen wird und deine Kehle ein Lachen hervorbringt. Aber du darfst den Mut nicht verlieren. Und wenn das Lächeln und das richtige Lachen dann kommt, mußt du es mir schenken: um mir zu bestätigen, daß es richtig war, nicht die technologische Biologie in Anspruch zu nehmen und dich dem Leib einer anderen Mutter anzuvertrauen, die besser und geduldiger ist als ich.

Ich habe die Fotografie ausgeschnitten, die dich im Alter von genau zwei Monaten zeigt: dein Gesicht in Großaufnahme, in vierzigfacher Vergrößerung. Ich habe sie an die Wand geheftet, und hier vom Bett aus sehe ich sie mit Bewunderung an: gebannt von deinen Augen. Sie sind so groß im Verhältnis zu deinem übrigen Körper, so weit offen. Was sehen sie? Nur das Wasser und sonst nichts? Die Gefängniswände und sonst nichts? Oder das, was auch ich sehe? Eine wundervolle Ahnung macht mich ganz wirr: die Ahnung, daß sie durch mich hindurchsehen. Es tut mir leid, daß du sie bald schließen wirst. Am Lidrand bildet sich eine klebrige Substanz, die in wenigen Tagen die beiden Ränder zusammenfügen wird, um die Pupillen zu schützen, während sie ihr endgültiges Aussehen bekommen. Bis zum siebten Monat wirst du deine Lider nicht wieder öffnen. Zwanzig Wochen lang lebst du in völliger Dunkelheit. Wie schade! Oder vielleicht auch nicht? Wenn du nichts zum Schauen hast, wirst du mir vielleicht besser zuhören. Ich habe dir noch so viel zu sagen, und diese Tage der Unbeweglichkeit geben mir auch die Zeit dazu, da ja meine einzige Tätigkeit Lesen oder Fernsehen ist. Vor allem muß ich dich auf einige sehr unbequeme Wahrheiten vorbereiten. Die Hoffnung, daß du schon alles und viel mehr weißt als ich, überzeugt mich nicht recht. Aber es ist schwierig, dir gewisse Dinge zu erklären, weil dein Denken, sofern es vorhanden ist, sich mit Gegebenheiten beschäftigt, die zu verschieden sind von denen, die du dann vorfinden wirst. Du bist allein, großartig allein da drin. Deine einzige Erfahrung bist du selbst. Wir aber sind viele: Millionen, Milliarden. Alle unsere Erfahrungen hängen von den andern ab, alle Freuden, Schmerzen und . . .

Ja, damit fange ich an. Ich fange an, indem ich dich darauf hinweise, daß du hier bei uns nicht mehr allein sein wirst, und wenn du dich von den andern, von ihrer auferzwungenen Gesellschaft freimachen willst, wirst du es nicht zustande bringen. Auf dieser Erde kann eine Person nicht für sich allein bestehen, wie du das tust. Versucht es ein Mensch, wird er wahnsinnig. Bestenfalls erleidet er Schiffbruch. Hie und da versucht es einer.

Und flieht in den Wald oder aufs Meer und schwört, daß er die andern nicht nötig hat und ihn die andern nie wiederfinden werden. Aber sie finden ihn doch. Oder er selber kehrt um. Also kommt er besiegt zurück, um sich wieder in den Ameisenhügel, in das Räderwerk einzufügen: und dort vergeblich und verzweifelt seine Freiheit zu suchen. Du wirst viel von Freiheit reden hören. Hier bei uns wird dieses Wort fast ebenso mißbraucht wie das Wort Liebe, mit dem der meiste Mißbrauch getrieben wird, wie ich dir schon sagte. Du wirst Menschen begegnen, die sich für die Freiheit in Stücke reißen und foltern lassen und sogar den Tod auf sich nehmen. Und ich hoffe, daß du einer von ihnen sein wirst. Aber im gleichen Augenblick, in dem du dich für die Freiheit in Stücke reißen läßt, wirst du erkennen, daß sie gar nicht existiert, allenfalls nur darum existierte, weil du nach ihr verlangt hast: wie ein Traum, wie eine Idee, geboren aus der Erinnerung an dein Leben vor der Geburt, wo du frei warst, weil du allein warst. Ich sage immer wieder, daß du da drin gefangen bist, ich denke immer wieder, daß du da drinnen wenig Raum hast und dich von nun an sogar im Dunkel befinden wirst: aber in diesem Dunkel und in diesem engen Raum bist du so frei, wie du es in dieser riesengroßen und erbarmungslosen Welt nie mehr sein wirst. Du brauchst da drin keinen um Erlaubnis zu fragen, keinen um Hilfe zu bitten: weil du keinen neben dir hast und nicht weißt, was Zwang ist. Hier draußen hingegen wirst du tausend Herren über dir haben. Und der erste werde ich sein und dir ungewollt und vielleicht auch unbewußt Dinge aufzwingen, die für mich, aber nicht für dich richtig sind. Diese hübschen Schühchen zum Beispiel. Für mich sind sie schön. Aber für dich? Du wirst brüllen, wenn ich sie dir anziehe. Sie werden dir lästig sein, da bin ich sicher. Und trotzdem werde ich sie dir anziehen, vielleicht indem ich behaupte, daß dir kalt ist, und nach und nach wirst du dich daran gewöhnen. Du wirst klein beigeben und, bezwungen, am Ende sogar darunter leiden, wenn du sie nicht anhast. Und dies wird der Anfang einer langen Kette von Zwängen sein, deren erstes Glied immer ich sein werde, da du ja ohne mich nicht auskommen kannst. Ich, die ich dich nähren werde, die ich dich zudecken werde, dich baden, auf dem Arm tragen werde. Dann wirst du anfangen, allein zu laufen, allein zu essen, allein zu entscheiden, wohin du gehen willst und wann du dich waschen willst. Und dann werden sich neue Zwänge einstellen. Meine Ratschläge. Und deine Angst, mir Schmerz zu bereiten, wenn du etwas anderes tust als das, was ich dich gelehrt habe. Es wird viel Zeit vergehen aus deiner Sicht, ehe ich dich ziehen lassen werde wie Jungvögel, die von ihren Eltern an dem Tag aus dem Nest geworfen werden, an dem sie flügge sind. Schließlich wird es soweit sein, und ich werde dich ziehen lassen und dich allein die Straße mit dem Grün und Rot ihrer Ampeln überqueren lassen. Ich werde dir einen Schubs geben. Aber das wird deine Freiheit nicht vergrößern, denn du wirst durch die Kette der Zuneigung und die Kette des Heimwehs an mich gebunden bleiben. Einige nennen sie Familienbande. Ich glaube nicht an die Familie. Die Familie ist eine Lüge, konstruiert von denen, die diese Welt errichteten, um die Menschen besser unter Kontrolle zu haben und die Befolgung von Vorschriften und Legenden besser für sich ausnutzen zu können. Man lehnt sich leichter dagegen auf, wenn man allein ist, und findet sich leichter damit ab, wenn man mit andern lebt. Die Familie ist lediglich das Sprachrohr eines Systems, das deinen Ungehorsam nicht zulassen kann, und ihre Heiligkeit gibt es nicht. Es gibt nur Gruppen von Männern und Frauen und Kindern, die gezwungen sind, denselben Namen zu tragen und unter demselben Dach zu wohnen: wobei sie sich oft nicht ausstehen können und einander hassen. Aber das Heimweh gibt es, und die Bindungen gibt es, fest verwurzelt in uns wie Bäume, die sogar einem Orkan trotzen, und sie sind unvermeidlich wie Hunger und Durst. Du kannst dich nie von ihnen losmachen, auch wenn du es mit deiner ganzen Willenskraft und Logik versuchst. Selbst wenn du glaubst, daß du sie vergessen hast, kommen sie doch eines Tages wieder zum Vorschein, unausweichlich und erbarmungslos, um dir enger noch als jeder Henker den Strick um den Hals zu legen. Um dich zu würgen.

Zusammen mit den soeben genannten wirst du auch die Nötigungen kennenlernen, die dir von den andern auferlegt werden, nämlich von den tausend und abertausend Bewohnern des Ameisenhügels. Ihre Gewohnheiten, ihre Gesetze. Du kannst dir kein Bild davon machen, wie erdrückend es ist, ihre Gewohnheiten annehmen, ihre Gesetze befolgen zu müssen. Tue dies nicht, tue das nicht, tue dies, tue das . . . Und mag es noch auszuhalten sein, wenn du unter anständigen Leuten lebst, die eine Vorstellung von Freiheit haben, so wird es teuflisch, wenn du unter Mutwilligen lebst, die dir sogar den Luxus verbieten, von ihr zu träumen und sie in deiner Phantasie zu verwirklichen. Die Gesetze der Mutwilligen bieten nur einen Vorteil: du kannst gegen sie angehen, kämpfend und sterbend. Die Gesetze der anständigen Leute aber bieten dir gar keinen Ausweg, weil man dich überredet, daß es edel ist, sie zu akzeptieren. In welchem System auch immer du lebst, du kannst dich nicht gegen das Gesetz auflehnen, denn Sieger ist doch immer nur der Stärkere, der Mutwilligere, der Unduldsamere. Und du kannst dich schon gar nicht gegen das Gesetz auflehnen, weil man Geld braucht, um essen zu können, Geld braucht, um schlafen zu können, mit einem Paar Schuhe herumlaufen zu können, im Winter heizen zu können, und um Geld zu bekommen, arbeiten muß. Sie werden dir eine Menge Geschichten erzählen über die Notwendigkeit der Arbeit, die Freude an der Arbeit, die Würde der Arbeit. Glaub nicht daran, niemals. Das ist schon wieder eine Zwecklüge derjenigen, die diese Welt organisiert haben. Arbeit ist Erpressung, und das bleibt sie selbst dann, wenn sie dir gefällt. Du arbeitest immer für jemand anderen, nie für dich selbst. Du arbeitest immer mit Anstrengung, nie mit Freude. Und nie gerade dann, wenn du Lust dazu hättest. Auch wenn du von keinem abhängig bist und dein Stück Land bebaust, mußt du hacken, wenn Sonne und Regen und Jahreszeiten es so wollen. Auch wenn du keinem gehorchst und deine Arbeit Kunst, demnach Befreiung ist, mußt du dich den Forderungen und Zwängen anderer beugen. In Zeiten, die sehr weit, ja, so weit zurückliegen, daß jede Erinnerung daran verlorenging, ist es vielleicht anders gewesen und arbeiten war ein Fest, war Fröhlichkeit. Aber damals gab es wenig Menschen, und sie konnten alleinsein. Du kommst neunzehnhundertfünfundsiebzig Jahre nach der Geburt eines Mannes auf die Welt, den man Christus nennt und der Hunderttausende von Jahren nach einem andern Mann auf die Welt gekommen ist, dessen Namen man nicht weiß, und in diesen Zeitläufen spielen sich die Dinge so ab, wie ich dir sagte. In einer Statistik las ich kürzlich, daß wir schon vier Milliarden sind. In diesen Haufen wirst du kommen. Kind, welch ein Heimweh wirst du nach deinem einsamen Plätschern im Wasser haben!

Ich habe dir drei Märchen geschrieben. Oder, besser gesagt, ich habe sie dir nicht eigentlich geschrieben, weil ich das nicht kann, wenn ich ausgestreckt im Bett liege: ich habe sie mir einfach ausgedacht. Ich will dir eines erzählen. Es war einmal ein kleines Mädchen und das war in eine Magnolie verliebt. Die Magnolie stand mitten in einem Garten, und das kleine Mädchen verbrachte ganze Tage damit, sie anzuschauen. Es schaute sie von oben an, denn es wohnte im obersten Stockwerk eines Hauses, das neben diesem Garten stand, und es schaute sie von dem einzigen Fenster aus an, das da hinausging. Das Mädchen war noch sehr klein, und um die Magnolie sehen zu können, mußte es auf einen Stuhl klettern, wo die Mutter es überraschte und schrie: »O Gott, sie fällt, sie fällt noch hinunter!« Die Magnolie war ein großer Baum mit großen Ästen und großen Blättern und großen Blüten, die sich wie frische Taschentücher öffneten und von niemandem gepflückt wurden, weil sie so hoch oben waren. Also hatten sie alle Zeit, alt zu werden und zu vergilben und mit einem schwachen Plumps auf die Erde zu fallen. Das Mädchen träumte trotzdem davon, daß es jemandem gelingen würde, eine Blüte zu pflükken, solang sie noch weiß war, und darauf wartete es am Fenster: die Arme aufs Fensterbrett und das Kinn auf die Arme gestützt. Gegenüber und drumherum standen keine Häuser, da war nur eine Mauer am Garten entlang, die an einer Terrasse endete, wo Wäsche zum Trocknen hing. Wie trocken sie schon war, merkte man an den Ohrfeigen, die sie dem Wind versetzte, und deshalb kam dann eine Frau, sammelte sie in einen Korb und trug sie weg. Doch eines Tages kam die Frau und, statt die Wäsche abzunehmen, schaute auch sie auf die Magnolie: als überlegte sie sich, wie man eine Blüte pflücken könnte. Sie blieb lange dort stehen und dachte darüber nach, und die Wäsche flatterte im Wind. Dann trat ein Mann zu ihr, der sie umarmte. Auch sie umarmte ihn, und bald sanken sie gemeinsam zu Boden, wo sie lange Zeit gemeinsam zuckten und schließlich einschliefen. Das kleine Mädchen war erstaunt, es begriff nicht, warum die beiden da auf der Terrasse schliefen, statt sich mit der Magnolie zu beschäftigen und zu versuchen, eine Blüte zu pflücken; geduldig wartete es, bis sie wieder aufwachen würden, als ein anderer Mann dazukam, der sehr wütend war. Er sagte kein Wort, aber er mußte wirklich sehr wütend sein, denn er stürzte sich unverzüglich auf die beiden. Zuerst auf den Mann, aber der sprang auf und lief davon, und dann auf die Frau, die zwischen den Wäschestücken herumrannte. Er rannte hinter ihr her, um sie zu packen, und schließlich packte er sie auch. Er hob sie in die Luft, als hätte sie gar kein Gewicht, und warf sie hinunter: auf die Magnolie. Die Frau brauchte lange, bis sie die Magnolie erreicht hatte. Aber dann war sie doch dort und sackte mit einem Plumps auf die Äste, der schwerer war als wenn die vergilbten Blüten zu Boden fielen. Ein Ast brach ab. Und in dem Augenblick, als der Ast abbrach, klammerte sich die Frau an eine Blüte. Pflückte sie. Dann lag sie regungslos da mit ihrer Blüte in der Hand. Da rief das kleine Mädchen seine Mama. »Mama, man hat eine Frau auf die Magnolie geworfen, und sie hat eine Blume gepflückt.« Die Mama kam, schrie, die Frau sei tot, und von dem Tag an wuchs das kleine Mädchen mit der Überzeugung auf, eine Frau müsse sterben, um eine Blume pflücken zu können.

Das kleine Mädchen war ich, und wolle Gott, du lernst nicht auf die gleiche Weise wie ich, daß immer der Stärkere, der Mutwilligere, der Unduldsamere siegt, und begreifst nicht so früh, wie ich es einsehen mußte, und noch dazu mit solcher Gewißheit, daß eine Frau als allererste für diese Wahrheit zu zahlen hat. Aber es ist falsch von mir, so etwas zu erhoffen. Ich muß dir sogar wünschen, diese Unberührtheit bald zu verlieren, die Kindheit und Illusion heißt. Ich muß dich jetzt schon darauf vorbereiten, dich zu wehren, rascher zu sein, stärker zu sein und ihn von der Terrasse runterzuwerfen. Insbesondere, wenn du eine Frau bist. Auch das ist Gesetz: kein geschriebenes, aber ein unumgängliches. Ich oder du, ich rette mich oder du rettest dich, das ist der Inhalt dieses Gesetzes. Wehe, man vergißt es. Hier bei uns, Kind, fügt jeder jemandem ein Leid zu. Tut er's nicht, unterliegt er. Und höre nicht auf die, die sagen, daß der Bessere unterliegt. Der Schwächere unterliegt, und der ist nicht notwendigerweise der Bessere. Ich habe nie behauptet, daß die Frauen besser sind als die Männer, daß sie es wegen ihres Gutseins verdienten, am Leben zu bleiben. Gut oder böse zählt nicht: das Leben auf dieser Erde hängt nicht davon ab. Es hängt von einem Kräfteverhältnis ab, das auf Gewalt gegründet ist. Du wirst Lederschuhe anziehen, weil jemand eine Kuh geschlachtet und gehäutet hat, um Leder zu gewinnen. Du wirst dich mit einem Pelz wärmen, weil jemand ein Tier, hundert Tiere getötet hat, um ihnen ihr Fell zu entreißen. Du wirst Hühnerleber essen, weil jemand ein Huhn umgebracht hat, das niemandem etwas getan hatte. Aber auch das stimmt wieder nicht, weil auch das Huhn jemandem etwas getan hat: es hat die kleinen Raupen verschlungen, die friedlich Salat fraßen. Es ist immer einer da, der einen andern frißt oder häutet, um zu überleben: von den Menschen bis zu den Fischen. Auch die Fische fressen sich gegenseitig auf: die größeren verschlingen die kleineren. Und so die Vögel und die Insekten und was auch immer. Meines Wissens fressen nur Bäume und Pflanzen niemand andern: sie nähren sich bloß von Wasser und Sonne. Aber manchmal stehlen sie sich gegenseitig Wasser und Sonne, auch sie, und ersticken einander. Und da sollst du nun kommen und solche Grausamkeiten kennenlernen, der du lebst und dich nährst und dich wärmst, ohne irgendeinen umzubringen?

Auch das ist ein Märchen. Es war einmal ein kleines Mädchen, das hatte eine große Vorliebe für Schokolade. Doch je mehr es sie mochte, um so weniger bekam es davon. Und weißt du, warum? Einmal hatte man ihm soviel gegeben, wie es nur wollte. Das war in der Zeit, als es in einer Wohnung voll von Himmel wohnte, der durch die Fenster hereinkam. Doch eines Tages wachte es in einer Wohnung ohne Himmel und ohne Schokolade auf. Durch die Fenster fast in Deckenhöhe und mit einem Gitter wie in den Gefängnissen sah man nur Füße, die hin und her gingen. Man sah auch Hunde, und dies war im ersten Augenblick eine Freude, weil man die Hunde ganz sah: bis hinauf zum Kopf. Doch gleich hoben sie das Bein und pißten aufs Gitter, und die Mutter des kleinen Mädchens weinte: »Nein, das auch noch! Das auch noch!« Die Mutter weinte überhaupt immer, auch wenn sie sich dem dicken Bauch zuwandte, der ihre Schürze prall machte, und zu jemandem sprach, der dort drin war, und zu dem sagte: »Du hättest dir keinen schlechteren Augenblick aussuchen können!« Worauf der Vater in seinem Bett einen Husten bekam und nachher mehr tot als lebendig war. Der Vater lag auch tagsüber im Bett, mit gelbem Gesicht und glänzenden Augen. Traurigen Augen. Wie das kleine Mädchen sich ausgerechnet hatte, war das Ende der Schokolade mit der Krankheit des Vaters und dem Umzug in die Wohnung ohne Himmel und ohne Freude zusammengefallen. Also mit dem Mangel an Geld.

Um Geld zu beschaffen, machte die Mutter des kleinen Mädchens die Wohnung einer schönen Dame sauber, zu der sie du sagte und von der sie geduzt wurde. Es war eine reiche Tante, die jedesmal ein anderes Kleid anhatte. Man sagte sogar, sie hätte eine Tasche zu jedem Kleid und ein Paar Schuhe zu jeder Tasche. Ihr Haus lag am Fluß, und durch die Fenster kam der ganze Himmel der Stadt herein. Doch die schöne Dame war trotzdem nicht zufrieden. Sie beklagte sich immer: weil ihr ein Hut nicht gut stand oder weil ihre Katze nieste oder weil ihr Dienstmädchen schon vor einem Monat aufs Land gegangen war und gar nicht daran dachte, zurückzukehren. Die Mutter des kleinen Mädchens versah also die Arbeit dieses unverschämten Dienstmädchens: täglich von neun bis eins. Ihren Mann ließ sie nur aus diesem Grund allein, und sie nahm auch das kleine Mädchen mit, weil sie sagte, daß es besser wäre, es käme an die frische Luft, statt bei einem Mann mit kaputten Lungen zu Hause zu bleiben. Sie gingen zu Fuß, und es war ein langer Weg durch Straßen, die kein Ende nahmen. Unterwegs fragte sich die Mutter jedesmal, was für Klagen sie heute wohl von der schönen Dame zu hören bekäme, und ehe sie auf den Klingelknopf drückte, murmelte sie: »Mut!« Auf das Klingeln antwortete eine schleppende Stimme, dann kamen Schritte, die noch schleppender waren, und die Tür öffnete sich vor einem Hausrock, der bis auf die Füße hinunterging: einmal weiß, einmal rosa, einmal blau. Sie traten ein, gingen über die Teppiche, die Mutter setzte das kleine Mädchen auf einen Hocker: fast als wäre es ein Paket. Sie ermahnte es, still und stumm sitzenzubleiben und nicht zu stören, und verschwand dann in der Küche, um das Geschirr abzuwaschen. Die schöne Dame aber streckte sich auf dem Diwan aus, las die Zeitung und rauchte mit einer Zigarettenspitze. Offenbar hatte sie sonst nichts zu tun. Das kleine Mädchen verstand nicht, warum sie ihr Geschirr nicht selber abspülte, statt es von Mama abspülen zu lassen, die einen dicken Bauch hatte.

An diesem Morgen jammerte die schöne Dame über eine Geldgeschichte. Sie hatte begonnen, als die Mutter des kleinen Mädchens das Geschirr abspülte, und dann weitergemacht, als sie den Salon saubermachte. »Verstehst du«, wiederholte sie, »nur den Betrag will er mir geben.« Und als die Mutter des kleinen Mädchens meinte: »Mit dem Betrag käme ich mir wie eine Prinzessin vor«, wurde sie ärgerlich und sagte: »Damit kann ich gerade das Taxi bezahlen. Du wirst dich doch nicht mit mir vergleichen wollen!« Die Mutter des kleinen Mädchens wurde rot, und unter dem Vorwand, den Teppich abzukehren, kniete sie sich hin und beugte ihr Gesicht über den Teppich. Das kleine Mädchen fühlte es wie ein Kneifen im Hals und wollte schon den Tränen, die ihm in den Augen brannten, freien Lauf lassen, als seine Aufmerksamkeit von einigen goldenen Dingern abgelenkt wurde, die in der Sonne glitzerten: einer gläsernen Bonbonnaiere, randvoll mit Gianduiotti, feinen weichen piemontesischen Pralinen. Aber nicht die sonst üblichen: zweimal, dreimal so groß wie die, die das kleine Mädchen in den längst verflossenen Tagen der Wohnung mit dem Himmel zu essen gewohnt war. Das Kneifen im Hals verschwand auch sogleich, und statt dessen lief ihm das Wasser im Munde zusammen und schmeckte nach Schokolade. Die Mutter merkte es. Sie warnte das kleine Mädchen mit einem strengen Blick: bittest du um etwas, wirst du es bereuen müssen. Das kleine Mädchen verstand und sah würdevoll zur Decke hinauf. Es sah immer noch zur Decke hinauf, als die schöne Dame sich erhob, mit gelangweilter Miene auf den Balkon hinaustrat und sich das Handgelenk streichelte. Der Balkon sah auf einen anderen, größeren Balkon hinunter. Und auf diesem anderen Balkon waren zwei reiche Kinder. Das kleine Mädchen wußte es, denn es hatte die beiden schon einmal gesehen und begriffen, daß sie reich waren, weil sie schön aussahen. Dieselbe Schönheit wie bei der Dame. Die streichelte sich immer noch das Handgelenk und lächelte den beiden zu. Sie lächelte hingerissen, trat an die Brüstung und rief ihnen zu: »Bonjour, mes petits pigeons! Ça va, aujourd'hui?« Und dann: »Attendez, attendez! Il y a quelque chose pour vous!« Sie ging ins Zimmer zurück, ergriff die gläserne Bonbonniere und nahm den Deckel ab, trug sie auf den Balkon und warf, sie vorsichtig in der Hand wiegend, Gianduiotti hinunter. Dabei sagte sie: »Gianduiotti für meine Täubchen! Gianduiotti für meine Täubchen!« Mehr als die Hälfte warf sie hinunter und brach dabei immer wieder in sprudelndes Lachen aus; schließlich stellte sie die Bonbonniere auf den Tisch zurück und nahm noch einen Gianduiotto heraus. Langsam zog sie das Goldpapier ab, hielt ihn einen Augenblick lang in die Luft, wobei sie an wer weiß was denken mochte, und aß ihn. Das kleine Mädchen sah zu.

Von dem Tag an kann ich keine Schokolade mehr essen. Aber ich hoffe, Kind, daß dir die Schokolade schmecken wird, denn ich will dir eine Menge kaufen. Ich will dich ganz mit Schokolade eindecken: damit du sie an meiner Stelle bis zum Überdruß ißt, bis diese

Ungerechtigkeit vergessen ist, die ich mitsamt der Wut noch in mir trage. Ungerechtigkeit wirst du in demselben Maß wie Gewalttätigkeit kennenlernen: auch darauf muß ich dich vorbereiten. Ich meine nicht die Ungerechtigkeit, ein Huhn zu töten, um es zu essen, eine Kuh, um sie zu häuten, eine Frau, um sie zu bestrafen: ich meine die Ungerechtigkeit, die Besitzende von Nichtbesitzenden scheidet. Die Ungerechtigkeit, die diesen bitteren Geschmack im Mund zurückläßt, während die schwangere Mutter anderer Leute Teppiche saubermacht. Wie man solch ein Problem lösen kann, weiß ich nicht. Alle, die es versucht haben, konnten immer nur den, der den Teppich saubermacht, durch einen andern ersetzen. Unter welchem System, unter welcher Ideologie auch immer du geboren wirst, es gibt da stets jemanden, der für einen anderen den Teppich ausbürstet, es gibt da stets ein kleines, durch das Verlangen nach Gianduiotti gedemütigtes Mädchen. Du wirst nie ein System, nie eine Ideologie finden, die das Herz der Menschen verändern und seine Bosheit auslöschen könnte. Wenn man dir sagen wird Bei-uns-ist-das-anders, so erwidere: Lügner! Dann fordere ihn auf, dir den Beweis zu liefern, daß es bei ihnen nicht Speisen für Reiche und Speisen für Arme, nicht Häuser für Reiche und Häuser für Arme, nicht Jahreszeiten für Reiche und Jahreszeiten für Arme gibt. Der Winter ist eine Jahreszeit für Reiche. Bist du reich, wird die Kälte zum Kinderspiel, weil du dir Pelz und Heizung kaufst und schifahren gehst. Bist du aber arm, wird die Kälte zum Fluch, und du lernst sogar die Schönheit einer weißen schneebedeckten Landschaft hassen. Die Gleichheit,

Kind, gibt es nur, wo du jetzt bist: ebenso die Freiheit. Im Ei und nur dort sind wir alle gleich. Und da sollst du nun wirklich kommen, um solche Ungerechtigkeiten kennenzulernen, wo du dort lebst, ohne jemandem zu dienen?

Von dem hier weiß ich nicht, ob es ein Märchen ist, aber ich erzähle es dir trotzdem. Es war einmal ein kleines Mädchen, das glaubte an das Morgen. Und tatsächlich redeten ihm alle ein, es solle an das Morgen glauben, und versicherten ihm, das Morgen sei allemal besser. Der Pfarrer versicherte es ihm, wenn er in der Kirche seine Verheißungen machte und das Reich Gottes verkündete. Die Schule versicherte es ihm, wenn sie nachwies, daß die Menschheit Fortschritte macht, daß die Menschen einst in Höhlen wohnten, dann in Häusern ohne Zentralheizung und schließlich in Häusern mit Zentralheizung. Der Vater versicherte es ihm, wenn er die Geschichte als Beispiel heranzog und erklärte, daß die Mutwilligen stets unterliegen. Zum Pfarrer hatte das kleine Mädchen bald kein Vertrauen mehr. Sein Morgen war der Tod, und das kleine Mädchen machte sich gar nichts daraus, nach seinem Tod in einem feudalen Hotel genannt Himmelreich zu wohnen. Zur Schule hatte es ein wenig später kein Vertrauen mehr, und das war in einem Winter, als es an Händen und Füßen Frostbeulen bekam. Ja, es war schon eine große Errungenschaft, daß die Menschen es von den Höhlen bis zur Zentralheizung gebracht hatten: aber das kleine Mädchen hatte keine

Zentralheizung. Zu seinem Vater hatte es jedoch auch weiterhin Vertrauen, blindlings. Sein Vater war ein sehr mutiger und beharrlicher Mann. Schon zwanzig Jahre lang bekämpfte er gewisse schwarzuniformierte Mutwillige, und jedesmal, wenn sie ihm Scherereien machten, sagte er tapfer und beharrlich: »Das Morgen wird kommen.«

Das kleine Mädchen glaubte ihm, weil es eine Julinacht erlebt hatte. In jener Nacht waren die Mutwilligen vertrieben worden und ihr Krieg schien zu Ende zu gehen, um den Weg für das Morgen freizumachen. Doch es wurde September, und die Mutwilligen kamen wieder, zusammen mit anderen Mutwilligen, die deutsch sprachen. Der Krieg ging mit doppelter Härte weiter. Das kleine Mädchen fühlte sich betrogen. Es fragte seinen Vater. Der Vater antwortete: »Das Morgen wird kommen«, und bewies ihm, daß das Morgen schon bald kommen mußte, weil sie ja nicht mehr allein darauf warteten, denn Freunde, ein ganzes Heer von Freunden genannt Alliierte waren drauf und dran, einzutreffen. Tags darauf wurde die Stadt des kleinen Mädchens von den Freunden genannt Alliierten bombardiert, und eine Bombe fiel genau vor sein Haus. Das kleine Mädchen war ganz verstört. Als Freunde taten sie so etwas? Der Vater antwortete, daß sie es leider tun mußten und daß es ihrer Freundschaft überhaupt keinen Abbruch tat; zum Beweis dafür brachte er zwei von denen, die Bomben auf sie warfen, mit nach Hause. Sie waren Gefangene der Mutwilligen gewesen und dann geflohen. Man mußte ihnen helfen, erklärte der Vater, weil das Morgen eine gemeinsame Sache ist. Das kleine Mädchen nickte.

Zusammen mit seinem Vater, der damit riskierte, standrechtlich erschossen zu werden, versteckte es sie, gab ihnen zu essen, führte sie in Dörfer, wo sie sicher waren. Dann wartete es geduldig auf die Streitmacht, die das Morgen bringen würde. Diese Streitmacht kam aber nie. Es vergingen Wochen, es vergingen Monate, und indessen starb man durch Bomben, Foltern, Erschießungen: und das vielgesagte Morgen schien nur noch ein geträumter Traum zu sein. Auch der Vater des kleinen Mädchens wurde verhaftet, geschlagen, gefoltert. Das kleine Mädchen besuchte ihn im Gefängnis und konnte ihn kaum wiedererkennen, so hatten sie ihn zugerichtet. Aber sogar im Gefängnis, sogar übel zugerichtet sagte er noch: »Das Morgen wird kommen. Das Morgen ohne Erniedrigungen.«

Schließlich kam das Morgen. An einem Augusttag in aller Frühe, und in der Nacht war die Stadt von grauenhaften Explosionen zerfetzt worden. Brücken und Straßen waren in die Luft gegangen, und wieder hatten Unschuldige den Tod gefunden. Aber danach war dieser Sonnenaufgang gekommen, großartig wie das Glockengeläut zu Ostern, und hatte die Freunde gebracht. Schön kamen sie daher, lächelnd, festlich, Engel in Uniform, und die Menschen liefen ihnen entgegen und warfen Blumen und riefen danke. Der Vater des kleinen Mädchens, der jetzt wieder frei war, wurde von jedermann mit größter Hochachtung gegrüßt, und seine Augen strahlten wie die eines Menschen, der den Glauben kennengelernt hat. Da trat jemand auf ihn zu und sagte, er solle schnellstens zum alliierten Kommando kommen: sonst würde etwas Furchtbares geschehen. Der

Vater des kleinen Mädchens lief hin und konnte sich nicht vorstellen, was denn dieses Furchtbare sein sollte. Das Furchtbare war ein Mann, der auf einer Wiese schluchzte, den Kopf im Gras. Er mag vielleicht dreißig Jahre alt gewesen sein. Er trug einen blauen Anzug, den er offensichtlich angezogen hatte, um die Freunde zu empfangen, im Knopfloch prangte eine große rote Blume aus Papier. Vor ihm, nein, über ihm stand mit gespreizten Beinen ein Engel in Uniform, die Maschinenpistole auf ihn gerichtet. Der Vater des kleinen Mädchens beugte sich zu dem Mann herunter: »Was hast du angestellt?« Der schluchzte noch heftiger und konnte nur hervorbringen: »Mama! Mama! Mama!« Der Vater des jungen Mädchens verlangte den alliierten Kommandanten zu sprechen. Der empfing ihn, hob sein hageres Gesicht mit dem karottenfarbenen Lippenbärtchen und hieb dabei mit einer Reitgerte durch die Luft: »Sie sind einer von diesen sogenannten Volksvertretern?« Der Vater des kleinen Mädchens sagte ja. »Dann teile ich Ihnen mit, daß Ihr Volk uns mit Diebstahl empfangen hat. Dieser Mann hat gestohlen.« Der Vater des kleinen Mädchens fragte, was er denn gestohlen habe. »Einen Brotbeutel mit Verpflegung und Dokumenten«, pfiff die Gerte. Der Vater des kleinen Mädchens fragte, was für Dokumente. »Die Entlassungspapiere des Unteroffiziers, dem der Brotbeutel gehört«, pfiff die Gerte. Der Vater des kleinen Mädchens fragte, ob man die Papiere wiedergefunden habe. »Ja, aber zerfetzt!« pfiff die Gerte. Der Vater des kleinen Mädchens meinte, man könnte sie vielleicht wieder zusammenkleben. Und die Verpflegung? Hat man auch die wiedergefunden? »Die Verpflegung war gegessen! Verpflegung für einen ganzen Tag!« schrie die wahnsinnig gewordene Gerte. Der Vater des kleinen Mädchens hätte fast gelächelt. Er sagte, dies sei gewiß bedauerlich: als Volksvertreter würde er den Dieb in Gewahrsam nehmen und beantragen, den Unteroffizier mit den Reparationen zu entschädigen. Da beschrieb die Gerte einen großen Bogen in der Luft und erwiderte, beim englischen Heer würden Diebe erschossen; und den Volksvertreter betreffend: hinaus! Draußen schluchzte der Dieb immer noch mit dem Kopf im Gras: »Mama! Mama! Mama!« Der Engel in Uniform stand immer noch über ihm mit gespreizten Beinen und mit der Maschinenpistole. Die Beine waren stämmig und behaart, die Maschinenpistole war auf den Nacken des Mannes gerichtet. Das kleine Mädchen hörte im Vorbeigehen ein metallisches Knacken. Das Knacken, wenn entsichert wird.

Das kleine Mädchen erfuhr niemals, ob man den Dieb hingerichtet hatte. Aber von dem Tag an mißtraute es dem Wort Morgen. Und da es in seinem Kopf das Wort Morgen mit dem Wort Freunde assoziiert hatte, mißtraute es von dem Tag an auch den Freunden. Nach dem englischen Heer kam das amerikanische Heer. Alle sagten sie, die Amerikaner wären herzlicher und gutmütiger, und das kleine Mädchen hoffte dies sehr, da viele von ihnen ein volles, menschliches Lachen hatten. Aber es merkte bald, daß auch sie mit ihrem vollen menschlichen Lachen vergewaltigten und korrumpierten und sich als Herren gebärdeten: das Morgen war eine neue Angst. Doch der Hunger war immer derselbe. Um ihn zu befriedigen, prostituierten sich einige Frauen, andere wuschen die Wäsche dieser neuen Herren. Jede Terrasse, jeder Hof war ein Schaukeln von Uniformen, Sokken, Unterhemden; ein Zurschaustellen, wer mehr Wäsche wusch. Sechs Paar Socken ein Kastenbrot. Drei Unterhemden eine Dose Fleisch mit Bohnen. Eine Uniform zwei Dosen Fleisch. Der Vater des kleinen Mädchens erlaubte nicht, daß seine Frau und seine Tochter diese dreckige Wäsche anrührten. Er sagte, das Morgen habe gut oder schlecht begonnen und man müsse es mit Würde verteidigen. Um den Beweis dafür zu erbringen, lud er die »Freunde« zum Essen ein und gab ihnen seine Ration an frischen Lebensmitteln. Eines Abends gab er ihnen sogar seine goldene Uhr und hielt dazu eine schöne Ansprache, erinnerte an die Gefangenen, denen man wegen des Morgen geholfen hatte, das weiterhin ein gemeinsames Ziel bleibe. Die Freunde nahmen die goldene Uhr und boten als Gegengabe Wäsche zum Waschen an. Das kleine Mädchen war gekränkt. Aber der Hunger ist eine Bestie voller Versuchungen: nur wenige Tage danach änderte es seine Meinung und erbat sich hinter dem Rücken des Vaters Wäsche zum Waschen. Zwei Säcke trafen ein. Der eine enthielt schmutzige Sachen, der andere Nahrungsmittel. Der mit den Nahrungsmitteln wurde gleich aufgemacht und geleert; er enthielt drei Dosen Bohnen mit Soße, zwei Kastenbrote, ein Büchschen Haselnüsse und eine ganze Pakkung Erdbeereis. Der mit der Schmutzwäsche wurde später aufgemacht. Als das kleine Mädchen ihn in den Waschzuber leerte, errötete es vor Zorn. Es waren ausnahmslos dreckige Unterhosen.

Beim Waschen der schmutzigen Unterhosen anderer Leute wurde es mir klar: unser Morgen war nicht gekommen und würde vielleicht auch niemals kommen. Man würde uns immerfort mit Versprechungen an der Nase herumführen: ein Rosenkranz von Enttäuschungen, gemildert durch falsche Tröstungen, erbärmliche Geschenke, jämmerlichen Komfort, damit wir uns ruhig verhalten. Wird für dich das Morgen jemals kommen? Ich bezweifle es. Seit Jahrhunderten, seit Jahrtausenden setzen die Menschen Kinder in die Welt im Vertrauen darauf, daß es ihnen morgen besser gehen wird als ihren Eltern. Und dieses Besser ist dann im günstigsten Fall die jämmerliche Errungenschaft einer Zentralheizung. Bitte, die Zentralheizung ist schon eine großartige Sache, wenn einen friert: aber sie gibt dir wahrlich nicht das Glück und beschützt keinesfalls deine Würde. Auch mit Zentralheizung wirst du weiterhin Mutwillen, Widerwärtigkeiten und Erpressungen ausgesetzt sein, und das Morgen bleibt Lüge. Ich sagte dir am Anfang, daß nichts schlimmer ist als das Nichts, daß der Schmerz einen nicht erschrecken darf, ja, nicht einmal das Sterben, denn wenn man stirbt, so heißt das, daß man geboren wurde; ich sagte dir auch, daß es sich immer lohnt, geboren zu werden, denn die Alternative ist Leere und Schweigen. Aber ist das richtig gewesen, Kind? Ist es richtig, daß du geboren wirst, um dann durch eine Bombe oder durch das Gewehr eines behaarten Unteroffiziers umzukommen, dem du aus Hunger seine Tagesverpflegung gestohlen hast? Je mehr du wächst, um so mehr erschrecke ich. Die Begeisterung, die mich anfangs bewegt hatte, die herrliche Gewißheit, das wirklich Wahre erkannt zu haben, sie sind fast restlos verschwunden. Der Zweifel zehrt immer mehr an mir. Dieser Zweifel, der heimtückisch wächst und wieder zusammenfällt wie die Gezeiten, jetzt das Gestade deiner Existenz mit Sturzwellen überfällt, dann beim Zurückfluten Strandgut zurückläßt. Ich will dir nicht den Mut nehmen, glaub mir, und dir nicht einreden, daß du nicht auf die Welt kommen sollst: ich will nur meine Verantwortung mit dir teilen und dir deine eigene begreiflich machen. Noch hast du Zeit, es dir zu überlegen, Kind, ja, es dir anders zu überlegen. Was mich selbst angeht, so bin ich trotz des Auf und Ab bereit. Aber du? Ich fragte dich schon einmal, ob du bereit bist zuzusehen, wie eine Frau auf eine Magnolie geworfen wird, wie jemand mit Schokolade überschüttet wird, der sie gar nicht braucht. Jetzt frage ich dich, ob du bereit bist, die Gefahr auf dich zu nehmen, anderer Leute Unterhosen zu waschen und die Entdeckung zu machen, daß das Morgen ein Gestern ist. Du, der du dich dort befindest, wo jedes Gestern ein Morgen und jedes Morgen eine Errungenschaft ist. Der du die übelste aller Wahrheiten noch gar nicht kennst: die Welt ändert sich und bleibt wie zuvor.

Zehn Wochen. Du wächst mit beeindruckender Schnelligkeit heran. Vor vierzehn Tagen warst du noch keine drei Zentimeter groß und keine vier Gramm schwer. Heute bist du sechs Zentimeter groß und wiegst acht Gramm. Du bist schon ganz da. Vom ehemaligen Fischlein ist nur noch soviel zurückgeblieben, daß du mit den Lungen Wasser aufnimmst und wieder ausstößt. Dein menschliches Skelett hat sich herausgebildet, mit Knochen an Stelle der Knorpel. Deine Rippen verbinden sich an ihren Enden die eine mit der anderen, fast als würde sich dein Körper wie ein Mantel vorne zuknöpfen. Und dein Ei, obwohl es sich weitet, wird dir immer enger. Bald wirst du es unbequem finden. Du wirst dich rühren und recken, deine Arme und Beine werden die ersten Bewegungen machen. Ein Stoß mit dem Ellenbogen hierhin, ein Stoß mit dem Knie dorthin. Darauf warte ich ja. Der erste Stoß wird ein Hinweis, eine Zustimmung sein. Denk daran: ich habe mich so verhalten, um meiner Mutter mitzuteilen, daß sie keine Medizin mehr trinken sollte. Da hat sie die Medizin ausgegossen. Natürlich ist es ein Warten, das zu deinem Wachstum in umgekehrter Proportion steht: je länger das erste dauert, um so schneller vollzieht sich das zweite. Ich muß an das Freundesheer denken, das nie eintraf. Daran ist diese Regungslosigkeit schuld. Zwei Wochen regungslos im Bett liegen, das ist zuviel. Wie können Frauen es nur fertigbringen, das sieben, acht Monate lang zu tun? Sind es denn Frauen oder Larven? Freilich, es tut gut, und das ist auch das einzige, womit ich einverstanden bin. Die Krämpfe, die Stiche im Unterleib sind verschwunden. Die Übelkeit ist weg, und auch mein Bein ist nicht mehr geschwollen. Aber dafür ist eine Art Erschöpfungszustand eingetreten, eine Unruhe, die schon fast der Angst nahekommt. Was ist ihre Ursache? Vielleicht die Untätigkeit, die Langeweile. Ich kannte bisher keine Untätigkeit und war immer weit entfernt von Langeweile. Ich kann es kaum erwarten, bis die letzten beiden Tage vorüber sind, ich bereite mich darauf vor, sie durchzuhalten, als wären es zwei Jahre. Heute früh habe ich mit dir geschimpft. Warst du beleidigt? Eine Art Hysterie hatte mich ergriffen. Ich sagte dir, daß auch ich meine Rechte habe und daß es niemandem zusteht, sie außer acht zu lassen, auch dir nicht. Ich habe dich angeschrien, daß du mich zur Verzweiflung bringst und ich das nicht mehr aushalten kann. Hörst du mir überhaupt zu? Seitdem ich weiß, daß du deine Augen geschlossen hast, habe ich den Eindruck, daß du gar nicht mehr darauf achtest, was ich dir erzähle, und dich in einer Art Fühllosigkeit wiegst. Wach auf! Du willst nicht? Dann komm her zu mir. Leg dein Köpfchen auf dieses Kissen, ja, so. Schlafen wir miteinander, halten wir uns umarmt. Ich und du, ich und du ... In unser Bett wird nie jemand anderes hereinkommen.

Er ist gekommen. Ich hätte nie gedacht, daß er das tun würde. Es war Abend, der Schlüssel hat sich im Schloß gedreht, und ich dachte, es wäre meine Freundin. Normalerweise ist sie es, die vor dem Abendessen zu mir heraufkommt. So rief ich ciao! und war sicher, sie mit ihrem Päckchen atemlos hereinkommen zu sehen: Verzeih-ich-bin-ja-so-schrecklich-in-Eile-ich-bring-dir-ein-bißchen-kaltes-Fleisch-und-ein-bißchen-Obst-morgen-früh-bin-ich-wieder-da. Doch er war es. Auf Fußspitzen muß er hereingeschlichen sein: wie ich mich umdrehte, stand er da, mit verkrampftem Gesicht und mit einem Blumenstrauß in der Hand. Als erstes war mir, als würde mir der Leib zusammengezwängt. Nicht die üblichen Messerstiche, sondern wie ein Schraubstock: beinahe, als hättest du dich bei seinem Anblick erschrocken und dich mit Fäusten an mich gekrampft, um hinter meinem Leib Zuflucht zu suchen und dich zu verstecken. Danach blieb mir der Atem weg und eine Eiseskälte lähmte mich. Hast du sie auch gefühlt? Hat sie dir wehgetan? Er stand wortlos da, mit seinem verkrampften Gesicht und mit seinen Blumen. Und ich haßte sein Gesicht und seine Blumen. Warum hat er mich so überfallen wie ein Dieb? Weiß er denn nicht, daß man einer schwangeren Frau jeden Schock ersparen soll? Ich fragte: »Was willst du?« Er legte wortlos die Blumen aufs Bett. Ich tat sie gleich weg und sagte, daß Blumen auf einem Bett Unglück bringen und daß man den Toten Blumen aufs Bett legt. Ich legte sie aufs Tischchen. Es waren gelbe Blumen, im allerletzten Augenblick gekauft, da gehe ich jede Wette ein: ohne auszusuchen und ohne Überzeugung. Er war stumm und regungslos stehengeblieben: ein großer dunkler Schatten vor der weißen Wand. Aber mich sah er nicht an. Er sah deine Fotografie an der Wand an: wo du zwei Monate alt bist, vierzigmal vergrößert. Man hätte meinen können, daß er seine Augen nicht von den deinen lösen konnte, und je länger er dich anschaute, um so tiefer sank ihm der Kopf zwischen die Schultern. Schließlich schlug er die Hände vors Gesicht und weinte. Am Anfang ganz leise, ohne daß man etwas hörte. Dann lauter. Er setzte sich sogar aufs Bett, um besser weinen zu können, und bei jedem Schluchzen vibrierte das Bett: ich dachte, dies würde dich stören. Ich sagte: »Du bringst das Bett zum Wackeln. Erschütterungen sind ihm abträglich.« Er nahm die Hände vom Gesicht, trocknete seine Tränen und setzte sich auf einen Stuhl. Auf den, der unter deiner Fotografie steht. Es war eigenartig, euch so nebeneinander zu sehen. Du mit ruhigen, geheimnisvollen Pupillen, er mit seinen flackernden Pupillen ohne Geheimnis. Dann sagte er: »Es ist auch meines.«

Da packte mich der Zorn. Mit einem Ruck setzte ich mich im Bett auf und fuhr ihn an, daß du nicht mir und nicht ihm, sondern nur dir allein gehörst. Ich schrie ihn an, daß ich diese melodramatische Rhetorik, dieses Schnulzen-Gewäsch hasse und daß ich meine Ruhe haben muß, wie vom Arzt verordnet; wozu er denn gekommen wäre: um dich ohne Abtreibung zu töten, damit ich das Geld spare? Und ich schlug seinen Blumenstrauß drei-, viermal auf das Tischchen, bis die Blüten abgingen und wie Konfetti herumflogen. Als ich wieder auf meine Kissen zurücksank, war ich so in Schweiß gebadet, daß mir der Pyjama an der Haut klebte, und die Schmerzen im Leib waren unerträglich. Er rührte sich nicht von der Stelle, senkte nur seinen Kopf und flüsterte: »Wie hart du bist und wie böse du sein kannst.« Dann gab er eine Art endloses Plädoyer von sich, etwa folgenden Inhalts, daß ich mich im Irrtum befände, daß du meines wie seines wärst, daß er soviel darüber nachgedacht, soviel gelitten, deinetwegen zwei Monate lang die größten Qualen erduldet und am Ende eingesehen habe, wie nobel und richtig meine

Entscheidung gewesen wäre, und daß man ein Kind nie wegwerfen soll, denn ein-Kind-ist-ein-Kind-und-kein-Ding. Und noch andere Banalitäten. So bin ich ihm schließlich ins Wort gefallen: »Du hast es ja nicht in deinem Körper, du brauchst es ja nicht neun Monate in deinem Körper zu tragen!« Er war verblüfft: »Ich hatte gedacht, du wolltest es, du würdest es gern tun.«

Dann geschah etwas, was ich selbst nicht verstehe: ich fing auch an zu weinen. Ich hatte nie geweint, das weißt du, und ich wollte auch nicht weinen: weil es mich demütigt und weil es mich häßlich macht. Doch je mehr ich die Tränen unterdrücken wollte, um so stärker kamen sie: als wäre etwas zerbrochen. Ich versuchte, mir eine Zigarette anzustecken. Doch von den Tränen wurde die Zigarette naß. Da stand dein Vater auf, kam zu mir und streichelte mir zaghaft über den Kopf. Dabei murmelte er: »Ich mach dir einen Kaffee«, und ging in die Küche. Als er zurückkam, hatte ich mich wieder in der Gewalt. Er nicht. Er trug das Täßchen wie ein Juwel, übertrieb seine Aufmerksamkeit. Ich trank den Kaffee und wartete, daß er ging. Er ging nicht. Er fragte mich, was ich essen wollte. Da fiel mir ein, daß meine Freundin ja nicht gekommen war, und ich begriff, daß sie ihn geschickt hatte. Mein Zorn übertrug sich auf sie und auf alle, die glauben, einem mit den Gesetzen des Ameisenhaufens, mit ihrem willkürlichen Begriff von recht und unrecht helfen zu können. Jesus, Maria und Josef. Warum Josef? Maria und ihr Kind genügen doch vollauf. Das einzig Annehmbare an der Legende ist doch gerade diese Beziehung zwischen den beiden: die wunderbare Lüge über ein Ei, das sich durch Parthenogenese füllt. Was hat da Josef plötzlich zu suchen? Wem nützt er? Zieht er den Esel, der nicht weitergehen will? Schneidet er die Nabelschnur durch und vergewissert sich, daß die Plazenta vollständig herausgekommen ist? Oder rettet er den Ruf einer Übelbeleumundeten, die ohne Ehemann schwanger geworden ist? Wenn er ihr nicht gar wie ein Dienstbote nachläuft, um sich seine Schuld vergeben zu lassen, daß er sie zur Abtreibung aufgefordert hatte. Ich sah ihm zu, wie er über den Fußboden gebeugt die Blütenblätter auflas, und empfand nicht einmal ein bißchen Freundschaft für ihn. Bei seinem Eintreten war ein Gleichgewicht zerstört worden. Eine Symmetrie war zerfallen, eine Gemeinsamkeit war beschädigt: die zwischen mir und dir. Da war ein Fremder gekommen, verstehst du, und hatte sich zwischen uns gestellt, wie wenn man uns einen Einrichtungsgegenstand aufgedrängt hätte, der gar nicht gebraucht wird und im Zimmer Platz und Licht und Luft wegnimmt und einen stolpern läßt. Wäre er von Anfang an bei uns gewesen, hätten wir seine Gegenwart vielleicht als normal und sogar als notwendig empfunden: wir hätten uns keine andere Art und Weise vorstellen können, um uns auf deine Ankunft vorzubereiten. Aber daß er so plötzlich hereinplatzte wie ein ungebetener Gast, der in ein Restaurant kommt, wo man mit jemandem ißt, mit dem man alleinbleiben will, und sich mit der Indiskretion eines Störenfrieds an den Tisch setzt, obwohl man ihn weder dazu aufgefordert noch ermutigt hat, das war schon fast eine Beleidigung. Ich hätte ihm sagen mögen: »Bitte geh! Wir brauchen dich und Josef und den Herrgott nicht. Wir haben keinen nötig, wir haben keinen Ehemann nötig, du bist überflüssig.« Aber ich brachte es nicht fertig. Vielleicht war es die gleiche Scheu wie bei dem, der einen andern nicht vertreiben kann, obwohl er sich einfach an den Tisch setzt, ohne um Erlaubnis zu fragen. Vielleicht war es Mitleid, das nach und nach zum Verständnis und zur Wehmut wurde. Wer weiß, wie sehr auch er sich bei all seinen Schwächen, bei all seiner Feigheit gequält hatte. Welche Überwindung ihn sein Schweigen und sein Kommen mit dem häßlichen Blumenstrauß gekostet hatten. Durch Parthenogenese wird man nicht geboren, der Tropfen Licht, der das Ei durchbohrt hatte, war sein, die Hälfte des Zellkerns, der den Anfang zu deinem Körper gemacht hat, war sein. Daß ich es vergessen hatte, war der Preis, den wir dem einzigen Gesetz entrichteten, dessen Existenz keiner zugibt: ein Mann und eine Frau begegnen einander, gefallen einander, begehren einander, lieben sich womöglich und nach einer Weile lieben sie sich nicht mehr, begehren sich nicht mehr, gefallen sich nicht mehr, möchten vielleicht einander niemals begegnet sein. Ich habe gefunden, was ich suchte, Kind: was man zwischen Mann und Frau Liebe nennt, ist wie eine Jahreszeit. Ist diese Jahreszeit bei ihrem Aufbrechen ein Fest von Grün, so ist sie bei ihrem Welken nur ein Haufen verwestes Laub.

Ich habe zugelassen, daß er das Abendessen machte und diese absurde Flasche Champagner öffnete. (Wo hatte er sie denn beim Hereinkommen versteckt?) Ich habe zugelassen, daß er ein Bad nahm. (Er pfiff im Bad, als wäre alles in bester Ordnung.) Und ich habe ihm erlaubt, hier, in unserm Bett zu schlafen. Aber kaum war er heute früh fort, empfand ich doch so etwas wie Scham. Und jetzt scheint es mir, als hätte ich ein Versprechen nicht gehalten, dich betrogen. Wollen wir hoffen, daß er niemals wiederkommt.

Nach so vielen Tagen im Bett wieder die Straße entlang gehen! Den Wind im Gesicht und die Sonne über den Augen spüren, andere Menschen sehen, wieder am Leben teilnehmen! Wäre der Arzt nicht so weit weg, ich wäre zu Fuß hingegangen, singend. Nur ungern habe ich dieses Taxi angehalten. Der Fahrer war ein brutaler Mensch. Er rauchte eine dicke Zigarre, daß mir fast übel wurde, und rüttelte mich unterwegs durch plötzliches und unnötiges Bremsen. Nach ein paar Metern Fahrt fühlte ich einen Krampf, und meine Fröhlichkeit endete in der üblichen Nervosität. Im Wartezimmer saß eine ganze Reihe von Frauen mit dicken Bäuchen. Als die Sprechstundenhilfe mich aufforderte zu warten, ärgerte ich mich. Ich mochte mich nicht in eine Reihe zu den Frauen mit den dicken Bäuchen setzen: ich hatte nichts mit ihnen gemeinsam. Nicht einmal den dicken Bauch. Meiner ist nur schwach ausgebildet, man sieht ihn und sieht ihn auch nicht. Endlich kam ich dran; ich zog mich aus und legte mich in den Untersuchungsstuhl. Der Arzt quälte dich mit seinem Finger, drückte und tastete herum, dann zog er sich den Gummihandschuh aus und fragte mich mit eiskalter Stimme: »Wollen Sie denn dieses Kind wirklich?« Ich traute meinen Ohren nicht. »Natürlich. Wieso?« gab ich zur Antwort. »Weil viele so sagen, es aber in ihrem Unterbewußtsein durchaus nicht wollen und vielleicht unbewußt alles tun, damit es nicht geboren wird.« Ich war empört. Ich bin doch nicht hergekommen, um meinen guten Glauben in Zweifel ziehen zu lassen, und ebensowenig, um über Psychoanalyse zu diskutieren, sagte ich, sondern ich bin hergekommen, um zu erfahren, wie es um das Kind steht. Er änderte seinen Ton, erklärte sich mit Höflichkeit. Da war etwas, das er bei dieser Schwangerschaft nicht verstand. Seiner Meinung nach war das Ei gut und an der richtigen Stelle eingenistet. Seiner Meinung nach wuchs der Fötus gut und gleichmäßig. Und doch stimmte irgend etwas nicht. Beispielsweise war der Uterus allzu empfindlich, zog sich leicht zusammen: was vermuten ließ, daß die Plazenta vielleicht nicht genügend durchblutet sei. Hatte ich denn die von ihm verordnete Bettruhe auch richtig eingehalten? Ich sagte ja. Hatte ich wirklich keinen Alkohol getrunken und das Rauchen eingeschränkt, wie er mir empfohlen hatte? Ich sagte ja. Hatte ich mich auch nicht angestrengt, nicht strapaziert? Ich sagte nein. Hatte ich Geschlechtsverkehr gehabt? Wieder sagte ich nein, und du weißt, daß es die Wahrheit ist: in der Nacht habe ich ihm keine Annäherung erlaubt, obwohl er immer wieder sagte, das sei eine Grausamkeit. Da meinte der Arzt höchst erstaunt: »Haben Sie denn irgendwelche Sorgen?« Ich sagte ja. »Gibt es ein Trauma, vielleicht Kummer?« Ich sagte ja. Er starrte mich an, ohne nach der Art des Kummers zu fragen, und entwickelte mir dann seine These. Bisweilen sind Sorgen, Ängste, Schocks viel gefährlicher als körperliche Belastungen, denn sie bewirken Krämpfe, uterine Kontraktionen und sind eine echte Lebensgefährdung für den Embryo beziehungsweise den Fötus. Ich sollte nicht vergessen, daß zwischen Uterus und Hypophyse eine Verbindung besteht und sich jeder Reiz augenblicklich auf die Genitalien überträgt. Eine heftige Überraschung, ein Schmerz, ein Ärger können eine partielle Ablösung des Eis bewirken. Das kann sogar bei einem nervösen Dauerzustand, bei fortwährendem Angstgefühl eintreten. Im Extremfall, und das habe beileibe nichts mit Science- oder Psychological-Fiction zu tun, könne man von einem tötenden Gedanken sprechen. Auf der Ebene des Unbewußten natürlich, und deshalb sollte ich mich unbedingt zur Ruhe zwingen. Jede Erregung, jeden trüben Gedanken tunlichst vermeiden. Abgeklärtheit, Ausgeglichenheit sei das Gebot der Stunde. Aber Herr Doktor, erwiderte ich, das ist geradeso, als würden Sie von mir verlangen, ich sollte mir eine andere Augenfarbe zulegen: wie kann ich denn ausgeglichen sein, wenn ich es von Natur aus nicht bin? Und wieder maß er mich mit seinem kalten Blick: »Das ist Ihre Sache. Sehen Sie zu, wie Sie zurechtkommen. Werden Sie dicker.« Er verschrieb mir Antispasmodika und noch andere Mittel. Falls sich etwa ein Tropfen Blut zeigen würde, sollte ich augenblicklich zu ihm kommen.

Ich habe Angst. Und bin auch ärgerlich auf dich. Für was hältst du mich eigentlich? Für einen Container, für irgendein Gefäß? Ich bin eine Frau, verdammt, ich bin eine Person. Ich kann mir nicht das Hirn abschrauben und ihm zu denken verbieten. Ich kann nicht meine Gefühle abschalten und ihnen jede Äußerung verbieten. Ich kann nicht einen Ärger, eine Freude, einen Schmerz ignorieren. Ich habe meine Reaktionen, Verwunderungen und Niedergeschlagenheiten. Selbst wenn ich könnte, möchte ich sie nicht aufgeben, um mich zu einer Pflanze oder einem physiologischen Apparat zu erniedrigen, der nur für die Fortpflanzung da ist und basta! Was für Ansprüche du stellst, Kind! Erst willst du meinen Körper beherrschen und ihm sein elementarstes Recht rauben: sich bewegen zu können. Dann willst du auch noch meinen Verstand und mein Herz beherrschen: sie verkümmern lassen, sie unwirksam machen, ihnen die Fähigkeit zu fühlen, zu denken und zu leben wegnehmen! Du beschuldigst sogar mein Unterbewußtsein. Das ist zu viel, das kann ich nicht akzeptieren. Wollen wir zusammenbleiben, Kind, dann müssen wir schon zu einer Übereinkunft kommen. Bitte, hier ist mein Angebot. Ein Zugeständnis will ich dir machen: ich will dicker werden, ich gebe dir meinen Körper. Aber nicht meinen Verstand. Nicht meine Reaktionen. Die behalte ich. Und ich verlange auch noch eine Zugabe: meine kleinen Freuden. So trinke ich jetzt einen ordentlichen Whisky, rauche eine nach der anderen ein Päckchen Zigaretten auf und fange wieder zu arbeiten an, fange wieder an, als Person zu existieren und nicht als Verwahrungsgefäß – und weine, weine, weine: ohne dich zu fragen, ob es dir schadet. Weil ich dich satt habe!

Verzeih mir. Ich muß betrunken oder verrückt gewesen sein. Sieh dir die vielen Kippen und dieses Taschentuch hier an. Es ist noch ganz naß. Was für ein unsinniger

Wutanfall, was für eine widerliche Szene. Egoistin, die ich bin. Wie geht es dir, Kind? Besser als mir hoffentlich. Ich bin erschöpft und so müde, daß ich die sechs Monate gerade noch aushalten möchte, die Zeit, dich zur Welt zu bringen, und dann sterben will. Du würdest dann meinen Platz in der Welt einnehmen, und ich könnte mich ausruhen. Es wäre auch gar nicht zu früh dazu: ich glaube, daß ich nun alles gesehen habe, was zu sehen ist, und alles begriffen habe, was zu begreifen ist. Wenn du erst einmal aus meinem Körper hervorgegangen bist, brauchst du mich jedenfalls nicht mehr. Jede Frau, die imstande ist, dich zu lieben, kann dir eine ausgezeichnete Mutter sein: die Stimme des Blutes existiert nicht, sie ist eine Erfindung. Mutter ist nicht diejenige, die dich in ihrem Bauch trägt, sondern diejenige, die dich großzieht. Oder derjenige, welcher dich großzieht. Ich könnte dich deinem Vater schenken. Dein Vater ist vor kurzem wieder dagewesen und hat mir eine blaue Rose geschenkt. Er sagte, blau sei die Farbe für einen Jungen. Jetzt denkt er auch an die Farbe. Offenbar wünscht er, du wärst ein Junge: als Junge geboren zu werden, hält er für ehrenvoller, als ein Zeichen von Überlegenheit. Der Ärmste. Es ist nicht seine Schuld, auch ihm haben sie erzählt, Gott wäre ein alter Mann mit weißem Bart, Maria wäre ein Brutapparat gewesen, ohne den Josef hätte sie nicht einmal einen Stall gefunden und Prometheus hätte das Feuer entfacht. Deswegen denke ich nicht gering von ihm. Aber ich sage doch, daß ich ihn nicht brauche, daß wir ihn nicht brauchen. Ebensowenig wie seine blaue Rose. Ich habe gesagt, er soll gehen und uns in Ruhe lassen. Er zuckte wie unter einem Schlag, ging zur Tür und verschwand wortlos. Bald werden auch wir gehen: zur Arbeit. Der Commendatore hat noch einmal sein Verständnis bekundet, jedoch hinzugefügt, daß Verpflichtungen einzuhalten sind: eine schwangere Frau kann erst im sechsten Monat ihren Arbeitsplatz verlassen. Er sprach auch wieder von der Reise und drohte mir mit heuchlerischer Freundlichkeit, den Auftrag einem Mann zu übertragen, weil einem-Mann-gewisse-Dinge-nicht-passieren. Ich hätte ihm am liebsten eine Ohrfeige gegeben, hielt mich aber gerade noch zurück und ließ es bei Ausflüchten bewenden. Die nächsten zehn Tage werden schwer sein, ich muß die verlorene Zeit wieder einbringen. Aber eines kann ich dir sagen: der Gedanke, wieder an meine Arbeit zu gehen, rüttelt mich aus dieser Stumpfheit und Resignation auf, die mich den Tod herbeiwünschen ließ. Gott sei Dank hat es schon angefangen, Winter zu werden: unter dem Mantel wird man den dicken Bauch nicht sehen. Er wird von jetzt an noch beträchtlich zunehmen. Heute morgen ist er zum Beispiel dicker. Weißt du, wie groß du mit vierzehn Wochen bist? Mindestens zehn Zentimeter. Und die Plazenta, die jetzt zu klein ist, um den amniotischen Sack zu umhüllen, zieht sich sogar zur Seite. Du nimmst mich erbarmungslos ein.

Ich bin keine, die beim Anblick von Blut erschrickt. Und Frau zu sein, ist eine Schule des Blutes: alle Monate bieten wir uns selbst dieses verhaßte Schauspiel. Doch als ich den winzigen Fleck auf dem Kissen sah, wurde mir schwarz vor Augen und ich ging in die Knie. Panik ergriff mich, dann Verzweiflung, und ich verfluchte mich selber. Ich gab mir alle Schuld dir gegenüber, der du dich nicht schützen und wehren kannst, winzig und ohnmächtig bist, jeder Laune und Unvernunft von mir ausgesetzt. Der Fleck war nicht einmal rot. Er war rosa, blaßrosa. Und doch war er mehr als genug, um mir mitzuteilen, daß du dich vielleicht deinem Ende näherst. Ich packte das Kissen und rannte hinaus. Der Arzt war unerwartet freundlich. Er empfing mich, obwohl es Abend war, und meinte, ich sollte mich nicht aufregen: du wärst nicht am Sterben, du hättest dich nicht abgelöst, du hättest nur gelitten und weiter nichts, es wäre nur eine Warnung und weiter nichts, völlige Ruhe würde alles wieder in Ordnung bringen, aber es müßte auch wirklich völlige Ruhe sein, und nicht einmal, um ins Bad zu gehen, dürfte ich das Bett verlassen, und deshalb wäre es doch besser, ich würde ein Krankenhaus aufsuchen. – Wir sind im Krankenhaus. Ein tristes Zimmer dieser tristen Welt. Wir sind schon eine Woche hier, die ich fast nur schlafend verbracht habe, umnebelt von Sedativa. Jetzt hat man sie abgesetzt, aber das ist noch schlimmer: ich weiß nicht, was ich mit meiner Zeit anfangen soll, die ins Leere verrinnt. Ich habe um Zeitungen gebeten, man hat mir keine gebracht. Ich habe um einen Fernseher gebeten, man hat ihn mir verweigert. Ich habe um ein Telefon gebeten, es funktioniert nicht. Meine Freundin läßt sich nicht sehen, dein Vater ebensowenig. Die Stille macht mich stumpfsinnig und erdrückt mich. Als Gefangene eines Ungeheuers in weißem Kittel, das hin und wieder mit einer Luteinspritze kommt und mich höhnisch sticht, kann ich erst gar nicht den Versuch machen, dir ein wenig Zärtlichkeit zu vermitteln. Doch schon lange schlummernde, vergeblich verdrängte Gedanken steigen wieder an die Oberfläche meines Bewußtsein und bringen Dinge hervor, die ich nicht zu wissen glaubte. Diese hier. Warum soll ich eigentlich so eine Agonie ertragen? Wofür? Für das Vergehen, einen Mann umarmt zu haben? Für eine Zelle, die sich in zwei und dann in vier und in acht Zellen und weiter ins Unendliche geteilt hat, ohne daß ich es gewünscht oder gefordert hätte? Oder für das Leben? Also gut, das Leben. Aber was ist denn dieses Leben, demzufolge du, der du noch kein Ganzes bist, mehr zählst als ich, die ich schon ein Ganzes bin? Was soll der Respekt vor dir, der den Respekt vor mir mindert? Was ist deine Existenzberechtigung, die meine Existenzberechtigung mißachtet? Menschlichkeit hast du keine. Menschlichkeit! Aber bist du überhaupt ein menschliches Wesen? Genügen wirklich ein Eibläschen und ein Spermium von fünf Mikron, um ein menschliches Wesen zu bilden? Ich bin ein menschliches Wesen, ich denke und spreche und lache und weine und agiere in einer Welt, die agiert, um Dinge und Ideen zu schaffen. Du bist doch nichts als ein Püppchen aus Fleisch, das nicht denkt, nicht redet, nicht lacht, nicht weint, nur handelt, um sich selbst zu schaffen. Was ich in dich hineinlege, bist du ja gar nicht: das bin ich! Ich habe dir ein Bewußtsein zugedacht und mit dir gesprochen, aber dein Bewußtsein war mein Bewußtsein, unser Dialog war ein Monolog: meiner! Schluß mit dieser Komödie und diesem Unsinn. Man ist nicht von Naturrechts wegen ein Mensch, ehe man geboren wird. Mensch wird man nachher, nach der Geburt, weil man mit anderen zusammen ist, weil andere uns helfen, weil eine Mutter oder eine Frau oder ein Mann oder sonstwer uns das Essen, Laufen, Reden, Denken und menschliches Verhalten beibringen. Und wir sind auch kein Paar. Wir sind ein Verfolger und ein Verfolgter. Du in der Rolle des Verfolgers und ich in der Rolle des Verfolgten. Wie ein Dieb in der Nacht hast du dich in mich eingeschlichen und mir meinen Körper, mein Blut, meinen Atem gestohlen. Und jetzt willst du mir meine ganze Existenz stehlen. Das werde ich dir nicht erlauben. Und weil ich schon einmal dabei bin, dir diese hochheiligen Wahrheiten zu sagen, weißt du, was ich dir zu guter Letzt noch sage? Ich wüßte nicht, warum ich ein Kind haben sollte. Ich bin mit Kindern nie so ganz zurechtgekommen. Ich habe es nie fertiggebracht, mit ihnen in engeren Kontakt zu kommen. Wenn ich lächelnd auf sie zugehe, schreien sie, als wollte ich sie schlagen. Die Mutterrolle ist mir nicht auf den Leib geschrieben. Ich habe andere Verpflichtungen dem Leben gegenüber. Ich habe eine Arbeit, die mir zusagt und die ich ausüben möchte. Ich habe eine Zukunft, die mich erwartet und die ich nicht aufgeben möchte. Wer eine arme Frau, die keine Kinder mehr haben will, freispricht, wer ein vergewaltigtes Mädchen, das dies Kind nicht haben will, freispricht, der muß auch mich freisprechen. Arm zu sein, vergewaltigt worden zu sein sind nicht die einzigen Rechtfertigungen. Ich verlasse dieses Krankenhaus und trete meine Reise an. Soll dann geschehen, was will. Gelingt es dir, geboren zu werden, so wirst du geboren. Gelingt es dir nicht, so wirst du sterben. Wohlgemerkt, ich bringe dich nicht um: ich weigere mich ganz einfach, dir behilflich zu sein, deine Gewaltherrschaft bis zum äußersten auszuüben.

So haben wir unsern Pakt nicht geschlossen, ich weiß. Aber ein Pakt ist eine Übereinkunft, wo jeder etwas gibt, um etwas zu erhalten, und als wir ihn unterschrieben, ahnte ich nicht, daß du alles fordern und nichts geben würdest, abgesehen davon, daß du ihn gar nicht unterschrieben hast, ich allein habe ihn unterschrieben. Was seine Gültigkeit in Frage stellt. Du hast ihn nicht unterschrieben, und von dir ist auch nie eine Zustimmung gekommen: deine einzige Mitteilung war ein rosa Blutstropfen. Ich will wahrhaftig verdammt sein und will mein Leben drangeben, wenn ich diesmal meinen Entschluß wieder rückgängig mache.

Er hat mich eine Mörderin genannt. Zugeknöpft in seinem weißen Kittel, nicht mehr Arzt, sondern Richter, dröhnte er, ich würde den elementarsten Pflichten einer Mutter, Frau und Bürgerin zuwiderhandeln. Er schrie, es sei schon eine Missetat, das Krankenhaus zu verlassen, und ein Verbrechen, das Bett zu verlassen, vorsätzlicher Mord aber, eine Reise zu unternehmen, und das Gesetz müßte mich dafür ebenso bestrafen wie jeden Mörder. Danach verlegte er sich aufs Bitten und versuchte, mich mit deiner Fotografie von meinem Vorsatz abzubringen. Ich sollte dich genau ansehen, wenn ich überhaupt noch eine Spur von Herz hätte: du wärst jetzt schon ganz und gar ein Kind. Dein Mund wäre nicht mehr die Andeutung eines Mundes, sondern ein richtiger Mund. Deine Nase nicht mehr die Ahnung einer Nase, sondern eine richtige Nase. Dein Gesicht nicht mehr der Ansatz eines Gesichts, sondern ein richtiges Gesicht. Desgleichen dein Körper, deine Hände, deine Füße, wo jetzt auch die Fußnägel klar erkennbar wären. Deutlich zu sehen auch ein Anflug von Haarwuchs auf dem gut geformten Köpfchen. Zugleich sollte ich mir deine Zartheit vergegenwärtigen. Und ich sollte mir deine Haut genau betrachten: so fein, so durchsichtig, daß jede Vene, jede Kapillare, jeder Nerv zum Vorschein käme. Ganz winzig wärst du auch nicht mehr: mindestens sechzehn Zentimeter groß und zweihundert Gramm schwer. Selbst wenn ich wollte, könnte ich dich nicht mehr beseitigen: dazu wäre es nun zu spät. Aber was ich jetzt vorhätte, wäre noch schlimmer als eine Abtreibung. Ich ließ ihn reden, ohne mit der Wimper zu zucken. Anschließend habe ich ein Papier unterschrieben, mit dem er jede Verantwortung für dein und mein Leben ablehnte und ich sie an seiner Stelle übernahm. Rot vor Zorn lief er aus dem Zimmer. Und fast zur gleichen Zeit hast du dich bewegt. Du hast getan, was ich seit Monaten erwartet und ersehnt habe. Du hast dich gestreckt, vielleicht hast du gegähnt, und hast mir einen kleinen Stoß versetzt. Einen kleinen Tritt. Deinen ersten Fußtritt . . . Wie der, den ich meiner Mutter gab, um ihr zu bedeuten, daß sie mich nicht wegwerfen sollte. Meine Beine erstarrten wie zu Marmor. Ein paar Sekunden lang blieb mir der Atem weg und meine

Schläfen pochten. Ich spürte auch, wie es mir im Hals brannte, wie mir eine Träne die Sicht verschleierte. Dann rollte die Träne hinab und plumpste auf das Bettuch. Ich bin trotzdem aufgestanden und habe meinen Koffer gepackt. Morgen beginnt die Reise, das hatte ich doch gesagt. Mit dem Flugzeug.

War es denn nötig, soviel Aufhebens zu machen? In dem Land, wo wir jetzt sind, geht es uns ausgezeichnet. Während der ganzen Reise und bei der Ankunft und danach ging es uns ausgezeichnet. Kein Krampf, kein Schmerz, keine Übelkeit. Nichts von alledem, was der Arzt prophezeit hatte, ist eingetroffen: ich habe die Bestätigung der Ärztin, die mich gestern untersuchte. Sympathisch. Nachdem sie dich betastet hatte, meinte sie, daß sie überhaupt keinen Grund zu irgendeiner Beunruhigung erkennen könne, ihr Kollege sei allzu pessimistisch und vorsichtig, was bedeute schon ein Tropfen Blut! Es gibt Frauen, die während der ganzen Schwangerschaft Blut verlieren und kerngesunde Kinder zur Welt bringen. Ihrer Meinung nach ist es unnatürlich, sich ins Bett zu legen, und ebenso, die Vorsichtsmaßnahmen zu übertreiben. Eine ihrer Patientinnen, Tänzerin von Beruf, hatte beispielsweise bis über den fünften Monat hinaus ihren Pas de deux getanzt. Bei mir erstaunte sie nur der geringe Bauchumfang, aber auch die Tänzerin hatte einen beinahe flachen Bauch gehabt. Wenn ich wollte, könnte ich ja die von dem Kollegen verschriebenen Medikamente weiter einnehmen, aber vor allem sollte ich die Natur selbst wirken lassen. Einziger Rat, ich sollte nicht allzuviel autofahren. Ich erklärte ihr, daß ich eine mindestens zehntägige Fahrt mit dem Auto machen müßte. Sie zog ein wenig mißbilligend die Augenbraue hoch und fragte, ob dies wirklich nötig sei. Ich sagte ja. Sie schwieg ein paar Minuten und meinte dann, nun ja, die Straßen hierzulande wären bequem und glatt und die Autos gut gefedert. Ich sollte mich nur nicht strapazieren und alle zwei, drei Stunden eine Ruhepause einlegen. Hörst du mir zu? Ich sage, daß ich Frieden mit dir geschlossen habe, im Grunde sind wir doch Freunde! Es tut mir leid, dich schlecht behandelt und provoziert zu haben, und ich würde es sehr bedauern, wenn du mir noch weiter böse wärst und mir keine kleinen Fußtritte mehr geben würdest. Nach dem Krankenhaus hast du mir keine mehr gegeben. Manchmal, wenn ich daran denke, ziehe ich die Stirn in Falten.

Aber das dauert nicht lange. Ich finde gleich meine Ruhe wieder. Ahnst du, wie sehr ich mich verändert habe? Seitdem ich wieder mein gewohntes Leben führe, komme ich mir wie eine ganz andere vor: wie eine Möwe, die fliegt. Hat es wirklich einen Augenblick gegeben, in dem ich den Tod herbeiwünschte? Wahnsinnig. Das Leben ist doch so schön und das Licht. Die Bäume sind doch so schön und die Erde und das Meer. Hier ist viel Meer: dringen sein Geruch und sein Rauschen bis zu dir? Auch das Arbeiten ist schön, wenn Freude in einem ist: ich habe gelogen, als ich behauptete, Arbeit wäre in jedem Fall ermüdend und demütigend. Verzeih mir: Ärger und Angst haben mich alles schwarz sehen lassen. Und was das betrifft: schon wieder habe ich das dringende Bedürfnis, dich da herauszuholen. Zugleich befürchte ich, dich mit meinem Geschwätz über die Freiheit, die es nicht gibt, und über die Einsamkeit als einzig möglichen Zustand entmutigt zu haben. Vergiß diesen Unsinn: beisammen zu sein ist schon etwas wert. Das Leben ist eine Gemeinschaft, damit wir uns die Hand geben, uns trösten und helfen. Auch die Pflanzen blühen besser, wenn sie zusammen stehen, und die Vögel ziehen in Schwärmen, die Fische in Schulen. Was täten wir auch allein? Wir kämen uns wie Astronauten auf dem Mond vor, gequält von Angst und von der Hast, wieder umzukehren. Beeil dich, bring die noch verbleibenden Monate schnell hinter dich, komm und hab keine Angst vor dem Sonnenlicht. Im ersten Moment wird es dich blenden, dir Angst machen und dich erschrecken, aber bald schon wird es dir eine Freude sein, auf die du nicht mehr verzichten willst. Es reut mich, daß ich dir immer die häßlichsten Beispiele vorgeführt habe und dir nie vom Strahlen des Morgenlichts, der Süße eines Kusses, dem Duft einer Speise erzählt habe. Es reut mich, daß ich dich nie zum Lachen gebracht habe. Wolltest du mich nach den Märchen beurteilen, die ich dir erzählt habe, könntest du leicht zu dem Schluß kommen, ich sei so etwas wie eine ewig schwarzgekleidete Elektra. Von nun an sollst du mich wie Peter Pan sehen, immer gelb, grün, rot gekleidet und stets damit beschäftigt, Blumengewinde auf Dächer und Kirchtürme zu hängen und auf Wolken, die sich nicht in Regen verwandeln. Wir werden zusammen glücklich sein, weil ich im Grunde auch ein Kind bin. Weißt du, daß ich gern spiele? Als ich heute nacht ins

Hotel zurückkam, habe ich alle Schuhe vor den Zimmern vertauscht und die Frühstücksbestellungen auch. Am Morgen gab es dann ein Riesendurcheinander. Einer Dame hatte man Herren-Mokassins hingestellt, und sie reklamierte ihre hochhackigen Sandaletten, einem Herrn hatte man Tennisschuhe hingestellt, und er reklamierte seine Stiefel, der eine protestierte, weil man ihm nur Kaffee gebracht hatte, während er seine Eier mit Schinken wollte, die er bestellt hatte, ein anderer beschwerte sich, weil er kein Weihnachtsessen, sondern Tee mit Zitrone bestellt hatte. Ich lauschte mit dem Ohr an der Tür und hatte einen solchen Spaß, als wäre ich wieder in meine Kindheit zurückgekehrt und wäre glücklich, weil alles ein Spiel war.

Ich habe eine Trage für dich gekauft. Erst nachher fiel mir ein, daß einige Leute behaupten, eine Wiege oder Trage schon vor der Geburt eines Kindes zu haben, bringe ebenso Unglück wie Blumen auf dem Bett. Doch aus Aberglauben mache ich mir nichts mehr. Es ist eine indianische Trage, so eine Rückentrage. Sie ist gelb und grün und rot wie Peter Pan. Ich will dich auf meine Schultern laden, dich überall hinbringen, und die Leute werden lächelnd sagen: seht euch die beiden verrückten Kinder an. Ich habe dir auch eine Ausstattung gekauft: Jäckchen, Strampelanzüge und dazu ein hübsches Carillon. Es spielt einen ganz festlichen Walzer. Als ich es meiner Freundin am Telefon erzählte, meinte sie, ich hätte wohl jedes Maß verloren. Aber ihre Stimme klang befriedigt, ohne jene Unruhe, wie sie am Tag unserer Abreise herauszuhören war: Und-wenn-du-es-im-Flugzeug-verlierst? Sie, die mir anfangs geraten hatte, dich zu beseitigen! Sie ist wirklich eine brave Frau. Ich habe ihr auch nie einen Vorwurf daraus machen können, daß sie deinen Vater zu mir geschickt hat. Und was ihn betrifft, weißt du, was ich dir sage? Ein Mann, der sich so fortjagen läßt, wie ich ihn fortgejagt habe, ist kein Mann zum Wegwerfen. Hinterher schrieb er mir einen Brief. Er hat mich gerührt. Ich bin ein Feigling, gibt er zu, denn ich bin ein Mann; doch man muß auch Nachsicht mit mir haben, weil ich ein Mann bin. Ein atavistischer Instinkt, vermute ich, bringt ihn jetzt dazu, dich haben zu wollen. Wir werden sehen, was wir mit ihm anfangen: ein Gegenstand, den man nicht braucht, erweist sich manchmal doch als nützlich, und ich habe wahrhaftig keine Lust, ihm länger böse zu sein. In diesen Waffenstillstand mit dem Ameisenhügel sind sie alle mit eingeschlossen: er, die Ärzte, der Commendatore. Du hättest den Commendatore sehen sollen, als ich ihm unsere Abreise mitteilte. Er sagte immer wieder: »Das ist aber eine gute Nachricht! Bravo! Sie werden es auch nicht zu bereuen haben!«

Ich werde es nicht bereuen. Nur wenn man sich selbst respektiert, kann man von den andern Respekt verlangen, nur wenn man an sich selbst glaubt, können andere an einen glauben. Gute Nacht, Kind. Morgen beginnt die Fahrt mit dem Auto. Ich würde dir gern ein Gedicht schreiben, das von meiner Erleichterung erzählt und meinem wiedergefundenen Vertrauen, von dem Wunsch, Blumengewinde auf Dächer, Kirchtürme,

Wolken zu legen, von diesem Gefühl, wie eine Möwe im Blauen zu schweben, weit weg von allem Schmutz, allem Trübsinn, und über einem Meer, das von oben immer rein aussieht. Mut ist im Grunde Optimismus. Ich bin nicht optimistisch gewesen, weil ich nicht mutig war.

Die Straßen hierzulande sind bequem und glatt, die Autos sind gut gefedert: Frau Doktor, auch Sie sagen die Unwahrheit. Und ich bin keine Möwe. Was mache ich jetzt, Kind? Fahre ich weiter oder kehre ich um? Wenn ich umkehre, ist es noch schlimmer: dann muß ich diese fürchterliche Strecke noch einmal fahren. Fahre ich weiter, habe ich immerhin die Hoffnung, daß es besser werden könnte. Wollte ich rhetorisch sein, würde ich sagen, daß ich auf einer Straße fahre, die meinem Leben gleicht: nichts als Schlaglöcher, Steine und Schwierigkeiten. Ich kannte einen Schriftsteller, der die Meinung vertrat: jeder hat das Leben, das er verdient. Geradeso als würde man behaupten, daß ein Armer verdient, arm zu sein, ein Blinder verdient, blind zu sein. Er war ein dummer Mensch, obwohl er ein intelligenter Schriftsteller war. Auch die Linie, die Intelligenz und Dummheit scheidet, ist so überaus brüchig, du wirst es merken. Reißt dieser dünne Faden, vermengt sich nämlich beides wie Liebe und Haß und Leben und Tod, ob du nun ein Mann oder eine Frau bist. Von neuem frage ich mich, ob du Mann oder Frau bist, und jetzt wünschte ich, du wärst ein Mann. So hättest du nicht das monatliche Blut, würdest dich eines Tages nicht schuldig fühlen, weil du auf einer Straße voller Schlaglöcher und Steine fährst. Es wäre dir nicht übel wie mir in diesem Augenblick, und dein Emporsteigen ins Blau wäre viel echter als meines: denn meine mühsamen Flugversuche geraten doch nie besser als das Aufflattern eines Truthahns. Jene Frauen, die ihren Büstenhalter verbrennen, sie haben recht. Haben sie recht? Keine von ihnen hat eine Methode entdeckt, wonach es mit der Welt nicht zu Ende geht, wenn sie keine Kinder kriegen. Und Kinder werden nun einmal von Frauen geboren. Ich kenne eine utopische Geschichte über einen Planeten, wo man zu siebt sein muß, um sich zu vermehren. Aber es ist sehr schwer, daß sich sieben zusammenfinden, und es ist noch schwerer, daß sie sich einig werden, weil die Schwangerschaft und nicht nur die Empfängnis alle sieben miteinbezieht. Darum stirbt auch die Gattung aus und der Planet entvölkert sich. Ich kenne noch eine andere Geschichte, wo der Protagonist nichts weiter als eine alkalische Lösung oder auch nur ein Glas Wasser mit Salz benötigt. Er springt hinein und hoppla! sind es zwei. Es handelt sich um eine normale Zellteilung, und wenn sich der Protagonist teilt, hört er im nämlichen Augenblick auf, er selbst zu sein: er begeht so etwas wie einen Selbstmord seines Ichs. Aber er stirbt nicht und leidet nicht neun Monate Höllenqualen. Höllenqualen? Für einige Frauen sind das neun Monate Ruhm und Glorie. Am besten ist immer noch die Lösung, von der ich anfangs gesprochen habe. Man nimmt den Embryo aus dem Körper der Mutter und verpflanzt ihn in den Körper einer anderen Frau, die bereit ist, ihn aufzunehmen, die geduldiger, großmütiger ist als ich . . . Ich glaube, ich habe Fieber. Die Krämpfe haben wieder eingesetzt. Ich muß sie verdrängen. Aber wie? Am besten wahrscheinlich, indem ich an etwas ganz anderes denke. Ich könnte dir ein Märchen erzählen. Ich habe dir schon so lange keine Märchen mehr erzählt. Also gut.

Es war einmal eine Frau, die hätte gar zu gern ein Stückchen Mond gehabt. Nein, nicht einmal ein Stückchen: ein bißchen Staub hätte ihr schon genügt. Das war kein unerfüllbarer und noch viel weniger ein absurder Wunschtraum. Sie kannte die Männer, die zum Mond flogen, was damals große Mode war. Die Männer starteten von einem Punkt der Erde, der nicht weit von hier ist, in kleinen eisernen Schiffen, die an der Spitze einer ganz hohen Rakete befestigt waren; und jedesmal wenn eine Rakete dröhnend und feuerspeiend wie ein Komet in den Himmel schoß, war die Frau sehr glücklich. Sie rief der Rakete nach: »Flieg, flieg, flieg!« Dann verfolgte sie bangend und eifersüchtig die Reise der Männer, die drei Tage und drei Nächte in die Dunkelheit flogen.

Die Männer, die zum Mond flogen, waren dumme Männer. Sie hatten dumme steinerne Gesichter und verstanden weder zu lachen noch zu weinen. Für sie war der Mond ein wissenschaftliches Projekt und nichts weiter, eine Errungenschaft der Technologie. Unterwegs sagten sie nie etwas Schönes, immer nur Zahlen und Formeln und langweilige Informationen, und wenn sie mal etwas Menschliches hineinbrachten, dann waren es bloß Erkundigungen nach einer Football-Mannschaft. Als sie dann auf dem Mond waren, wußten sie noch weniger zu sagen. Allenfalls sprachen sie zwei, drei vorfabrizierte Sätze, pflanzten dann eine blecherne Fahne auf und vollführten mit dem Gehabe von Automaten eine Zeremonie von abgedroschenen Gesten. Nachdem sie den Mond mit ihren Ausscheidungen besudelt hatten, die dort blieben, um den Besuch des Menschen zu beweisen, flogen sie wieder ab. Die Exkremente waren in Büchsen verschlossen, die Büchsen blieben da mit der Fahne, und wenn du davon wußtest, konntest du den Mond nicht mehr ansehen, ohne dir zu sagen: »Da oben sind auch ihre Exkremente.« Schließlich kamen sie mit einer Menge Steinen und Staub wieder zurück. Mondgestein, Mondstaub. Der Staub, den sich die Frau erträumte. Als sie die Männer wiedertraf, bettelte sie, bettelte ich: »Gibst du mir ein bißchen was vom Mond?« Doch sie antworteten jedesmal: Das-geht-nicht-das-ist-verboten. Alles vom Mond endete in den Labors und auf den Schreibtischen von Leuten, für die der Flug zum Mond nur ein wissenschaftliches Unternehmen war und eine Errungenschaft der Technologie. Es waren dumme Männer, weil es Männer ohne Seele waren. Doch einer war darunter, der mir besser zu sein schien. Er konnte nämlich lachen und weinen. Ein häßlicher kleiner Mann mit Zahnlücken und mit einer großen Angst. Um diese Angst zu vertuschen, lachte er und trug komische Hüte, die ihm, ja wirklich, ein bißchen Seele verliehen. Aus diesem Grund und weil er wußte, daß er den Mond nicht verdiente, war ich gut freund mit ihm. Wenn er mir begegnete, knurrte er: »Was soll ich da oben sagen? Ich bin kein Dichter, ich kann keine schönen, tiefsinnigen Sachen sagen.« Einige

Tage vor seinem Abflug zum Mond kam er, um sich von mir zu verabschieden und mich zu fragen, was er auf dem Mond sagen sollte. Ich antwortete, er solle etwas Wahres, Ehrliches sagen, etwa, daß er ein kleiner Mensch voller Angst sei, weil er eben ein kleiner Mensch sei. Das gefiel ihm, und er beteuerte hoch und heilig: »Wenn ich wieder da bin, bekommst du von mir ein bißchen Mond. Mondstaub.« Er flog ab und kam wieder. Aber er kam verändert wieder. Jedesmal, wenn ich ihn anrief, um ihn an sein Versprechen zu erinnern, gab er mir ausweichende Antworten. Dann lud er mich eines Abends zu sich zum Essen ein, und ich eilte hin, weil ich dachte, er wollte mir endlich den Mond geben. Beim Essen war ich ganz ungeduldig, es nahm überhaupt kein Ende. Als es dann endlich doch zu Ende war, sagte er: »Jetzt zeige ich dir den Mond.« Er sagte nicht: »Jetzt gebe ich dir den Mond«, er sagte: »Jetzt zeige ich dir den Mond.« Doch ich beachtete den Unterschied nicht. Er trug immer noch seine komischen Hüte, lachte immer noch sein komisches Lachen, ich ahnte nicht, daß er im Himmel auch das Quentchen Seele verloren hatte, das ich ihm noch zuerkannte.

Augenzwinkernd führte er mich in sein Arbeitszimmer. Er spielte auffällig mit einem Schlüssel herum und öffnete einen Schrank. Darin befanden sich verschiedene Dinge: eine Art Spaten, etwas wie eine Hacke und ein Rohr. Dies alles war von einem sonderbaren silbergrauen Staub bedeckt. Mondstaub. Ich bekam heftiges Herzklopfen. Und mit heftigem Herzklopfen streckte ich die Hand aus und ergriff behutsam den Spaten. Es war ein leichter Spaten, fast ohne Gewicht, und der Staub war so etwas wie Puder, ein silberner Schleier, der an der Haut wie eine zweite Silberhaut haften blieb, und ich kann dir gar nicht sagen, was ich dabei empfand, den Mond auf meiner Haut zu sehen. Vielleicht ein Gefühl, als dehnte ich mich aus in Zeit und Raum oder berührte das Unerreichbare, gar die Idee der Unendlichkeit. Dinge, die mir allerdings jetzt erst in den Sinn kommen. In jenem Augenblick konnte ich gar nicht denken. Und wenn ich heute in meiner Erinnerung suche, kann ich dir auch nur sagen, daß ich ganz verdattert mit dem Spaten in der Hand dastand und gar nicht merkte, wie der Mann ungeduldig wurde: fast als fürchtete er, sich eines Schatzes beraubt zu sehen, von dem er nicht einmal die Erinnerung preisgeben wollte. Als ich es merkte, gab ich den Spaten zurück und flüsterte: »Danke. Gib mir jetzt das Säckchen Mond.« Sofort wurde er abweisend: »Was für einen Mond?« – »Den Mondstaub, den du mir versprochen hast.« – »Du hast ihn doch gerade gehabt. Ich habe ihn dich anfassen lassen.« Ich dachte, das sollte ein Scherz sein. Ich brauchte Minuten, die mir länger schienen als Jahre, bis ich begriffen hatte, daß es kein Scherz war: sein Versprechen hatte sich damit erledigt, daß er mich den Spaten hatte berühren lassen. Genauso wie man es mit armen Leuten macht, denen man gestattet, ein Juwel in der Vitrine zu bewundern oder aus der Ferne ein Fest zu betrachten, an dem sie nicht teilhaben dürfen. Vor Verblüffung und Schmerz brachte ich es nicht einmal fertig, ihn wegen seines Betrugs zu beschimpfen, ihm seine ganze Armseligkeit vor Augen zu halten. Ich sagte mir nur immer wieder: könnte ich ihm nur klarmachen, daß dies einfach zu gemein ist. Und mit dieser verrückten Hoffnung flehte ich ihn an und setzte ihm auseinander, daß ich ja kein Stückchen Mond von ihm wollte, sondern nur den Mondstaub, den er mir versprochen hatte, nur ein bißchen, in seinem Schrank hätte er doch so viel davon, jedes Ding wäre damit bedeckt, er brauchte mich nur ein wenig davon auf ein Blatt Papier sammeln zu lassen, auf etwas, das nicht gerade meine Haut war, damit ich es in den kommenden Jahren immer wieder anschauen könnte, dies wäre seit jeher mein Wunsch und nicht nur eine einfache Laune gewesen, das wüßte er doch. Aber je mehr ich mich demütigte, desto abweisender wurde er. Er sah mich mit kalten Augen an und schwieg. Schließlich verschloß er wortlos den Schrank und verließ den Raum. Aus dem Besuchszimmer fragte uns seine Frau, ob wir Kaffee wollten. Der Kaffee wurde serviert.

Ich gab keine Antwort. Ich blieb reglos stehen und schaute meine mondbedeckte Hand an. Ich hatte den Mond in der Hand und wußte nicht, wohin mit ihm, wie ihn aufbewahren. Bei der geringsten Berührung würde er sich verflüchtigen. Mein Kopf suchte vergeblich nach einer Lösung, nach einem Ausweg, um zu retten, was noch zu retten war, aber er sah nur Nebel und im Nebel den Satz: »Das wäre wie Puder abwischen. Wohin du es auch streifst, es ist verloren.« Das war die größte Qual, eine Marter, die Tantalus nie gekannt hat. Tantalus sah sein Ziel in dem Augenblick entschwinden, als er drauf und dran war, es zu erreichen, nicht aber, als er es bereits erreicht hatte. Ich warf einen letzten Blick auf meine weit geöffnete Silberhand, die in einer Geste unsinnigen Flehens verharrte, schluckte die Tränen herunter, die schon herausdrängen wollten, und lächelte bitter. Aus unendlichen Weiten war der Mond zu mir gekommen, hatte sich auf meine Haut gelegt, und ich schickte mich jetzt an, ihn wegzuwerfen. Auf immer. Beim besten Willen konnte ich ja nicht so stehen bleiben mit gespreizten Fingern und ohne andere Dinge zu berühren. Früher oder später hätte ich doch irgendwohin gefaßt, verstehst du, und alles hätte sich verflüchtigt, aufgelöst wie sich ein Rauch auflöst: wegen des grausamen Hohns eines grausamen Trottels. Wütend ballte ich die Hand zur Faust und machte sie wieder weit auf. Jetzt erkannte man auf der Handfläche gerade noch eine Arabeske schmutziger krummer Linien. Es war widerlich, sie anzusehen. Und wegen dieser Widerlichkeit hatte ich so lange geträumt und gewartet? Ich streifte meine Handfläche an dem Schrank ab. Es gab einen schmierigen Abdruck wie die Schleimspur einer Schnecke oder wie die Spur einer großen Träne.

Als ich ging, war der Mond weiß und erhellte die Nacht mit weißem Licht. Ich sah zu ihm hoch und dachte: kaum ist da etwas Weißes, Reines, gibt es gleich jemanden, der es mit seinen Exkrementen besudelt. Dann fragst du dich: Warum? Warum bloß? Im Hotel ließ ich das Wasser laufen und hielt die Hand darunter. Eine schwarze Brühe floß von ihr ab und verschwand in einem schwarzen Strudel, und weißt du, was ich dir sage, Kind? Du bist wie mein Mond, mein Mondstaub. Die Krämpfe sind jetzt doppelt so stark, ich kann nicht weiterfahren. Wenn ich nur ein Motel entdecken würde, wenn ich nur Halt machen und mich ausruhen könnte. Bei klarem Verstand würde ich vielleicht eine Lösung finden, um zu retten, was noch zu retten ist: um meinen Mond nicht wegzuwerfen. Ich will meinen Mond nicht schon wieder verlieren, ihn im Ausguß eines Waschbekkens verschwinden sehen. Aber es ist vergebens. Die gleiche Gewißheit, die mich in der Nacht lähmte, als ich erfuhr, daß du existierst, sagt mir nun, daß du zu existieren aufhörst.

Ich habe die Reise abgebrochen. Ich bin in die Stadt zurückgekehrt und habe die Ärztin angerufen, die nicht daran glaubte. Sie sagte mir immer wieder, beruhigen Sie sich doch, vor vierzehn Tagen war doch alles in Ordnung: das ist sicher nur eine Einbildung von Ihnen. Ich erwiderte, das Blut wäre keine Einbildung, und ich hätte eine Woche lang in einem Motel festgelegen mit dem einzigen Erfolg, ein dauerndes Rinnen von Blut zu erleben. Sie bestellte mich sofort zu sich. An der Tür lächelte sie mit ihrem gewohnten Optimismus. Ich zog mich rasch aus, noch ehe sie mich dazu aufforderte. Ich legte mich hin, und sie fühlte nach meinem Herz und rief: »Wie heftig es schlägt! Und so laut wie ein Tambour.« Ich reagierte nicht auf ihre Nettigkeit und nicht auf ihr Lächeln. Das Mitgefühl anderer half mir nichts mehr, und ich war sicher, mich an einer unnötigen, insgeheim erwarteten und im Grunde vielleicht auch erwünschten Zeremonie zu beteiligen. Ich war bereit und ergeben und davon überzeugt, daß ich nicht reagieren würde, weil ich alles, was zu sagen war, schon gesagt hatte, und alles, was zu erleiden war, schon erlitten hatte. Doch als die Zeremonie ihren Anfang nahm, begriff ich, daß ich nie dazu bereit sein würde, nie und nimmer. Es tat mir sogar weh, ihre Fragen zu hören, und es tat mir weh, sie zu beantworten. »Haben Sie in letzter Zeit nicht mehr gemerkt, daß es sich bewegt hat?« – »Nein.« – »Haben Sie sich schwerer, haben Sie sich schwerfälliger gefühlt?« – »Nein.« – »Und wann haben Sie sich denn in den Gedanken verbohrt, daß . . .« – »Auf der holprigen Straße, ehe ich das Motel erreichte.« – »Recht dürftig, um Schlußfolgerungen zu ziehen. Und die Schlußfolgerungen sind schließlich meine Sache, nicht wahr?« Dann entblößte sie meinen Bauch und meinte, er wäre wirklich flacher als zuvor. Sie befühlte meine Brüste und bemerkte, sie schienen wirklich nicht mehr so prall wie zuvor. Sie zog den Gummihandschuh an und suchte dich. Sie legte die Stirn in Falten, ihre Augen verdüsterten sich, als sie sagte: »Der Uterus ist atonisch. Er ist schlaff. Dies könnte vermuten lassen, daß das Kind nicht gut wächst, daß es gar nicht mehr wächst. Wir müßten eine biologische Untersuchung machen und noch einige Tage warten.« Dann streifte sie den Handschuh ab und warf ihn weg. Sie stützte sich mit beiden Händen auf die Liege und sah mich betrübt an: »Ich kann es Ihnen ebensogut auch jetzt schon sagen. Sie haben recht. Es wächst nicht mehr. Mindestens seit zwei, vielleicht auch seit drei Wochen. Seien Sie tapfer, es ist aus. Es ist tot.«

Ich erwiderte kein Wort. Ich rührte mich nicht. Ich zuckte mit keiner Wimper. Ich lag da mit einem Körper ganz Stein und Schweigen. Auch mein Kopf war Stein und Schweigen. Kein Gedanke setzte sich in ihm fest, kein Wort. Einziges Gefühl war eine unerträgliche Last auf meinem Magen, ein unsichtbares Blei, das mich erdrückte, als wäre der Himmel auf mich gefallen: lautlos. In diese völlige Bewegungslosigkeit, in diese völlige Lautlosigkeit platzte ihre Aufforderung wie das Krachen eines Schusses: »Reißen Sie sich zusammen, stehen Sie auf! Ziehen Sie sich an!« Ich stand auf, die Beine waren wie Stein, und es kostete mich eine fast übermenschliche Anstrengung, bis sie mir gehorchten. Ich zog mich an und hörte meine Stimme fragen, was ich zu tun hätte, und eine andere Stimme, die antwortete: »Gar nichts. Es wird noch eine Weile dort bleiben. Dann geht es von selbst.« Ich nickte. Die andere Stimme häufte jetzt Satz auf Satz, ein ununterbrochener Schwall, der mich bat, den Kopf nicht hängen zu lassen, viele Kinder gingen auf diese Weise, weil sie unvollkommen, nicht ausgeformt seien, wer möchte schon ein Kind in die Welt setzen, das unvollkommen, nicht ausgeformt ist, ich sollte nicht den Stab über mich brechen, ich sollte mir keine Vorwürfe machen wegen irgendwelcher gar nicht begangener Verfehlungen, eine Schwangerschaft, die ihren Namen verdient, gehe ganz natürlich vonstatten, sie persönlich sei gegen die Methode, eine Frau monatelang ans Bett zu fesseln und der Natur nicht ihren Lauf zu lassen. Ich zahlte. Ich verabschiedete mich mit einem Kopfnicken. Ich ging durch zwei Reihen dicker Bäuche, die dicken Bäuche boten sich provozierend meinem flachen Bauch dar, der ein Totes barg, und endlich fing mein Kopf wieder an zu arbeiten. Er dachte: »Es ist gegangen, wie es gehen mußte. Also heißt es, konsequent sein.« Und das Wort konsequent begleitete mich bis ins Hotel, hämmernd, betäubend: konsequent, konsequent, konsequent. Doch als ich in mein Zimmer kam und die Rückentrage sah und die Jäckchen von deiner Ausstattung und das Carillon, brach ein großer Seufzer aus mir hervor. Ich warf mich aufs Bett, und immer neue Seufzer drängten hervor, bis dann aus der Tiefe meines Körpers, wo du nun wie ein Stückchen Fleisch liegst, das keine Bedeutung mehr hat, ein großes Weinen hochkam und den Stein in tausend Stücke brach, zu Staub machte. Ich schrie. Und verlor die Besinnung.

Vielleicht geschah es während des Schlafs, dem ich mich überlassen hatte, nachdem ich wieder zu mir gekommen war. Vielleicht auch während des Deliriums. Jedenfalls ist es geschehen: ich kann mich ganz deutlich daran erinnern. Da war ein weißer Saal mit sieben Geschworenensitzen und einem Käfig. Ich befand mich in dem Käfig, und sie saßen auf den Sitzen, weit weg und unerreichbar. Auf dem Mittelsitz der Arzt, der mich vor der Reise behandelt hatte. Zu seiner Rechten die Ärztin, zu seiner Linken der Commendatore. Neben dem Commendatore meine Freundin und neben meiner Freundin dein Vater. Neben der Ärztin meine Eltern. Niemand sonst. Und auch kein Gegenstand sonst ringsum, auch nicht an den Wänden oder auf dem Boden. Aber ich verstand sofort, daß hier ein Prozeß abgehalten wurde, in dem ich die Angeklagte war, und daß sie die Geschworenen waren. Ich empfand weder Angst noch Verwirrung. Mit unendlicher Gelassenheit sah ich sie mir einen nach dem andern an. Dein Vater schluchzte leise und bedeckte sich das Gesicht wie an dem Tag, als er sich auf das Bett gesetzt hatte. Meine Eltern hielten den Kopf gesenkt, wie von einer tödlichen Müdigkeit oder von einem tödlichen Schmerz befallen. Meine Freundin schien traurig zu sein, die andern drei machten undurchdringliche Gesichter. Der Arzt erhob sich und las von einem Papier: »Dieses Geschworenengericht hat über die hier anwesende Angeklagte wegen vorsätzlichen Mordes zu befinden, da dieselbe den Tod ihres Kindes durch Vernachlässigung, Egoismus und völlige Mißachtung seines Lebensrechts gewollt und herbeigeführt hat.« Dann legte er das Blatt wieder hin und erklärte, auf welche Weise der Prozeß vonstatten gehen würde. Jeder einzelne sollte als Zeuge und Richter sprechen und mit lauter Stimme sein Votum abgeben: schuldig oder nicht schuldig. Die Mehrzahl der Stimmen bilden das Urteil, und anschließend würde man im Fall der Verurteilung das Strafmaß festsetzen. Jetzt begann es. Er hatte das Wort. Sein erster Satz kam wie ein eisiger Wind.

»Ein Kind ist kein angefaulter Zahn. Man kann es nicht wie einen Zahn extrahieren und in den Abfalleimer werfen, zusammen mit verschmutzter Watte und Mullbinden. Ein Kind ist eine Person, und das Leben einer Person ist ein Kontinuum vom Augenblick der Zeugung bis zum Augenblick des Todes. Einige unter Ihnen werden den Begriff des Kontinuums ablehnen. Sie werden die Behauptung wiederholen, daß wir im Augenblick der Zeugung als Person nicht existieren. Daß wir lediglich als Zelle existieren, die sich vervielfacht und kein Leben darstellt. Jedenfalls nicht mehr als ein Baum, den zu fällen kein Verbrechen ist, oder eine Mücke, die zu erschlagen kein Verbrechen ist. Als Mann der Wissenschaft halte ich dem sofort entgegen, daß ein Baum sich nicht zu einem Menschen entwickelt und ebensowenig eine Mücke. Alle Elemente, die einen Menschen ausmachen, vom Körperlichen bis zur Persönlichkeit, alle Quotienten, die ein Individuum ergeben, vom Blut bis zum Verstand, sind in dieser Zelle konzentriert. Sie sind weit mehr als ein Projekt oder eine Erwartung: könnten wir sie durch ein Mikroskop betrachten, das imstande wäre, über das Sichtbare hinauszublicken, würden wir auf die Knie fallen und allesamt an Gott glauben. Schon in dieser Phase also, und mag sich das noch so paradox anhören, fühle ich mich berechtigt, den Ausdruck Mord zu gebrauchen. Und füge hinzu: wäre die Menschlichkeit durch das Volumen bedingt und der Mord durch die Quantität, so müßten wir daraus folgern, daß es weitaus schlimmer ist, einen Menschen umzubringen, der hundert Kilo wiegt als einen, der nur fünfzig wiegt. Die Kollegin neben mir braucht gar nicht zu lächeln. Eine Beurteilung ihrer Thesen erspare ich mir, doch über die Art und Weise, wie sie ihren ärztlichen Beruf ausübt, halte ich mit meinem Kommentar nicht zurück: in diesem Käfig hier müßten zwei Frauen sitzen, nicht nur eine.« Er warf der Ärztin einen verächtlichen Blick zu. Sie ertrug seinen Blick mit aller Gelassenheit, rauchend, und das tat mir wohl wie eine angenehme Wärme. Aber gleich war der eisige Wind wieder da.

»Doch wir sind nicht hier, um über den Tod einer Zelle Recht zu sprechen. Wir sind hier, um über den Tod eines Kindes Recht zu sprechen, das mindestens drei Monate seiner pränatalen Existenz erreicht hatte. Wer oder was hat den Tod bewirkt? Uns unbekannte, aber natürliche Ursachen, oder diese Frau, die Sie hier im Käfig der Angeklagten sehen? Ich kann Ihnen die Beweise für meine Behauptung liefern: die Frau, die Sie hier im Käfig sehen, hat den Tod bewirkt. Nicht ohne Grund war sie mir schon von der ersten Begegnung an verdächtig. Meine Erfahrung läßt mich eine Kindsmörderin auch hinter einer Maskierung erkennen, und daß sie erklärte, das Kind haben zu wollen, war eine Maskierung. Noch bevor sie die andern belog, hat sie sich selbst belogen. Ich war beispielsweise von ihrer Hartherzigkeit betroffen. An dem Tag, da ich sie wegen des positiven Untersuchungsergebnisses beglückwünschte, erwiderte sie trocken, daß sie es bereits wüßte. Ich war auch betroffen, wie widerspenstig sie auf meine Verordnung reagierte, sich ins Bett zu legen, als sie Krämpfe wegen Uteruskontraktionen bekommen hatte. Sie könne sich diesen Luxus nicht erlauben, erwiderte sie, und vierzehn Tage wären das Äußerste, wozu sie sich bereitfinden würde. Ich mußte darauf dringen, mußte zornig werden und mich sogar zu Bitten herablassen. Dies ließ mich zu der Überzeugung kommen, daß es ihr nicht recht war, Mutterpflichten zu übernehmen, und ihre Mutterschaft keine verantwortungsbewußte war. Außerdem rief sie mich dauernd an, behauptete, es ginge ihr gut und es gäbe gar keinen Grund, noch länger im Bett zu bleiben, schließlich hätte sie ja einen Beruf und müsse aufstehen. An dem Morgen, als ich sie wiedersah, war sie das Elend in Person. Und im Verlauf eben dieser Untersuchung verstärkte sich mein Verdacht, daß sie ein Verbrechen vorhatte. Denn anatomisch und physiologisch war es überhaupt nicht zu erklären, daß ihr die Schwangerschaft solche Schmerzen bereiten sollte: die Krämpfe konnten nur eine psychologische, demnach eine gewollte Ursache haben. Ich befragte sie. Lakonisch gab sie zu, daß viele Sorgen sie bedrückten. Sie deutete auch einen Kummer an, dem ich nicht weiter nachging, da mir klar zu sein schien, daß es sich nur um den Kummer handeln konnte, schwanger zu sein. Schließlich fragte ich sie, ob sie denn das Kind wirklich haben wolle, und setzte ihr auseinander, daß bisweilen allein der Gedanke tötet; es sei unumgänglich, daß sich ihre Nervosität in Gelassenheit wandle. Empört erwiderte sie, das sei geradeso als verlangte man von ihr, sie solle ihre Augenfarbe ändern. Nach einigen Tagen kam sie wieder zu mir. Sie hatte ihr gewohntes Leben wieder aufgenommen, und ihr Zustand hatte sich verschlechtert. Ich lieferte sie in die Klinik ein. Hier unterzog ich sie einer achttägigen Immobilisierung und konnte ihre Psyche durch die Pharmakologie unter Kontrolle halten.

Und nun, meine Damen und Herren, das Delikt. Doch bevor ich es Ihnen schildere, möchte ich noch sagen: nehmen wir einmal an, jemand von Ihnen wäre schwer erkrankt und hätte eine Arznei nötig. Die Arznei befindet sich in Reichweite, die Rettung ist nichts weiter als eine simple Armbewegung von irgend jemand, der sie Ihnen reicht. Wie beurteilen Sie, der Ihnen diese Arznei nicht gibt, sondern sie wegschüttet oder durch Gift ersetzt? Ist er verrückt, gemein, einer verweigerten Hilfeleistung schuldig? Nein, das genügt nicht. Ich nenne ihn Mörder. Meine Damen und Herren Geschworenen, es unterliegt keinem Zweifel, daß dieses Kind krank und die Arznei in Reichweite die absolute Bettruhe war. Aber diese Frau enthielt sie ihm nicht nur: sie verabreichte ihm auch noch das Gift einer Reise, die sogar einer leichteren Schwangerschaft abträglich gewesen wäre. Stunden und Stunden im Flugzeug und ganz allein im Auto über holprige Straßen und unwegsames Gelände. Ich hatte sie beschworen. Ich hatte sie darüber aufgeklärt, daß ihr Kind in diesem Stadium keine Multiplikation von Zellen mehr war, sondern bereits ein richtiges Kind. Ich hatte vorausgesagt, daß sie es töten würde. Sie reagierte mit ihrer unbarmherzigen Härte und unterschrieb eine Erklärung, mit der sie die volle Verantwortung übernahm. Sie trat die Reise an. Sie tötete es. Gewiß: stünden wir hier vor einem Gericht, das nach dem geschriebenen Gesetz urteilt, würde es mir schwerfallen, sie als schuldig zu bezeichnen. Es gab hier keine Sonde, keine Medikamente, keinen chirurgischen Eingriff: dem geschriebenen Gesetz zufolge müßte diese Frau freigesprochen werden, weil der Tatbestand nicht existiert. Wir aber sind ein Geschworenengericht des Lebens, und im Namen des Lebens sage ich, daß ihr Verhalten noch schlimmer war als Sonden, Medikamente und chirurgische Eingriffe. Denn es war scheinheilig, gemein und ging jedem rechtlichen Risiko aus dem Weg.

Ich würde ihr nur allzu gern mildernde Umstände zuerkennen, sie wenigstens teilweise von Schuld freisprechen. Aber ich sehe nicht, wo und wie. Ist sie denn arm, steckt sie so tief in wirtschaftlichen Schwierigkeiten, daß sie kein Kind hätte ernähren können? Dies ist keineswegs der Fall. Sie gibt es auch selber zu. Mußte sie ihren Ruf wahren, weil sie einer Gesellschaftsschicht angehört, die ihr die größten Schwierigkeiten machen würde, falls sie ein uneheliches Kind zur Welt bringt? Auch das trifft nicht zu. Sie gehört zu einem kulturellen Establishment, das sie nicht nur nicht ausgestoßen, sondern sogar zur Heldin erklärt hätte; und im übrigen schert sie sich nicht um Gesellschaftsregeln. Gott, Vaterland, Familie, Ehe, ja, sogar die Prinzipien des menschlichen Zusammenlebens erkennt sie nicht an. Ihr Verbrechen kennt keine mildernden Umstände, weil sie es im Namen der Freiheit beging: persönliche, egoistische Freiheit, die auf die andern und deren Rechte keine Rücksicht nimmt. Ich gebrauchte das Wort Rechte. Ich tat es, um Sie gleich auf das Wort Euthanasie hinzuweisen. Ich tat es auch, damit Sie mir nicht entgegnen, sie hätte nur von ihrem Recht Gebrauch gemacht, als sie dieses Kind sterben ließ: um der Gemeinschaft die Bürde eines kranken und mißgebildeten Individuums zu ersparen. Es steht nicht uns zu, im Vorhinein zu bestimmen, wer mißgebildet ist und wer nicht, ob er mißgebildet ist oder nicht. Homer war blind, Leopardi war verwachsen. Hätten die Spartaner sie vom Tarpejischen Felsen gestürzt, hätten ihre Mütter es leid gehabt, sie in ihrem Schoß zu tragen, wäre die Menschheit heute ärmer: ich bestreite, daß ein Olympionike wertvoller ist als ein verwachsener Dichter. Und hinsichtlich des Opfers, in seinem Leib den Fötus eines Olympioniken oder eines verwachsenen Dichters zu behüten, möchte ich darauf verweisen, daß sich das Menschengeschlecht eben auf diese Art vermehrt: ob es einem paßt oder nicht. Mein Urteil lautet: schuldig!«

Ich duckte mich unter diesem Schrei. Ich schloß die Augen, und so konnte ich nicht sehen, wie die Ärztin aufstand, um das Wort zu ergreifen. Als ich die Augen wieder öffnete, hatte sie bereits begonnen: »Mein Kollege vergaß einzuräumen, daß für jeden Homer auch ein Hitler geboren wird, daß jede Empfängnis eine Herausforderung voll großartiger und schrecklicher Möglichkeiten ist. Ich weiß nicht, ob dieses Kind eine Heilige Johanna oder ein Hitler geworden wäre: als es starb, war es nur eine unbekannte Möglichkeit. Ich weiß aber, wer diese Frau ist: eine Wirklichkeit, die nicht zerstört werden darf. Zwischen einer unbekannten Möglichkeit und einer Wirklichkeit, die nicht zerstört werden darf, entscheide ich mich für die letztere. Mein Kollege scheint von der Idee des Lebenskultes besessen zu sein. Diesen Kult bezieht er ausschließlich auf den, der sein könnte, wendet ihn aber nicht auf den an, der schon ist. Dieser Lebenskult ist doch nichts als eine Redensart. Ich bin so gut wie sicher, daß mein Kollege im Krieg gewesen ist und geschossen und getötet hat, wobei er vergaß, daß ein Kind auch mit zwanzig kein angefaulter Zahn ist. Ich weiß keinen schlimmeren Kindermord als den Krieg: der Krieg ist ein um zwanzig Jahre verschobener Kindermassenmord. Aber er akzeptiert ihn im Namen wer weiß welcher anderen Kulte, und auf diese wendet er nicht seine These des Kontinuums an. Dieses Kontinuum kann ich auch als Wissenschaftlerin nicht ernst nehmen: ich müßte sonst jedesmal Trauerkleidung anlegen, wenn ein unbefruchtetes Ei abstirbt, wenn es den zweihundert Millionen Spermien nicht gelingt, sein Membran zu durchstoßen. Und noch schlimmer, ich müßte auch Trauer anlegen, wenn es befruchtet wird: im Gedenken an die neunhundertneunundneunzig Millionen und neunhundertneunundneunzigtausendneunhundertneunundneunzig todgeweihten Spermien, besiegt von dem einen Spermium, welches das Membran durchstoßen hat. Auch sie sind Geschöpfe Gottes. Auch sie sind lebendig und bergen alle Elemente, die ein Individuum formen. Hat sie mein Kollege denn nie unter dem Mikroskop beobachtet? Hat er sie denn nie sausen sehen wie ein Schwarm schwänzelnder Kaulquappen, wie sie sich gegen die pelluzide Zone abmühen, wie sie kämpfen und in blinder Verzweiflung mit dem Kopf dagegen rennen, wohl wissend, daß versagen sterben heißt? Ein erschütterndes Schauspiel: indem mein Kollege es ignoriert, erweist er sich seinem eigenen Geschlecht gegenüber nicht sehr großmütig. Ich möchte mich nicht zu billiger Ironie verleiten lassen, aber da er doch so sehr an das Leben glaubt, wie kann er dann Milliarden und Abermilliarden Spermien sterben lassen, ohne etwas dagegen zu unternehmen? Verweigerung von Hilfeleistung oder Verbrechen? Selbstverständlich Verbrechen: auch er müßte hier in diesem Käfig sein. Geht er nicht hinein, und zwar unverzüglich, so zeigt dies, daß er uns belogen hat und seine Redlichkeit durch diejenigen ins Wanken gebracht wird, für die das Problem nicht darin besteht, eine große Anzahl von Individuen hervorzubringen, sondern die Existenz der bereits Geborenen weniger unglücklich zu gestalten.

Wiederum was meinen Kollegen betrifft, so erspare ich es mir, seine Unterstellung einer Mittäterschaft ernst zu nehmen. Allenfalls könnte ich einer irrigen Einschätzung bezichtigt werden, aber nicht einmal ein Geschworenengericht des Lebens kann eine irrige Einschätzung verurteilen. Im übrigen war sie nicht irrig: sie war nur eine Meinung, derer ich mich nicht zu schämen brauche. Die Schwangerschaft ist keine von der Natur auferlegte Buße für den Wonneschauer eines Augenblicks. Sie ist ein Wunder, das sich mit der gleichen Spontaneität vollziehen muß, mit der auch die Bäume und die Fische gesegnet sind. Entwickelt sie sich nicht normal, kann man von einer Frau nicht verlangen, wie eine Gelähmte monatelang das Bett zu hüten. Anders ausgedrückt, man kann von ihr nicht die Aufgabe ihrer Tätigkeit, ihrer Persönlichkeit, ihrer Freiheit verlangen. Verlangt man dies vielleicht von einem Mann, der diesen Schauer noch viel mehr genießt? Offenbar will mein Kollege den Frauen nicht das gleiche Recht zugestehen wie den Männern: über den eigenen Körper zu verfügen. Offenbar betrachtet er einen Mann gleichsam als eine Biene, der es erlaubt ist, von Blüte zu Blüte zu schwirren, und eine Frau als eine Gebäreinrichtung, die nur der Fortpflanzung dient. Das passiert in unserm Beruf vielen: beliebteste Patientinnen der Gynäkologen sind die sanften, dicken Gebärerinnen ohne Freiheitsprobleme. Immerhin sind wir nicht hier, um über die Ärzte zu urteilen. Wir sind hier, um über eine Frau zu urteilen, die des überlegten Mordes beschuldigt wird, ausgeführt mit Gedanken statt mit Instrumenten. Ich weise die Anklage aufgrund präziser Tatbestände zurück. An dem Tag, als ich diagnostizierte, daß alles in Ordnung sei, beobachtete ich bei ihr eine große Erleichterung. An dem Tag, als ich eingestand, daß der Fötus tot ist, beobachtete ich bei ihr einen großen Schmerz. Ich sagte Fötus und nicht Kind: die Wissenschaft gestattet mir diese Unterscheidung. Wir alle wissen, daß ein Fötus erst im Augenblick der Geburtsreife zum Kind wird und dieser Augenblick im neunten Monat eintritt. In Ausnahmefällen auch im siebten Monat. Doch nehmen wir einmal an, es handelte sich nicht mehr um einen Fötus, sondern um ein Kind: auch in diesem Fall wäre das Verbrechen inexistent. Mein lieber Herr Kollege, diese Frau wollte nicht den Tod ihres Kindes: sie wollte ihr eigenes Leben. Und leider bedeutet unser Leben in gewissen Fällen den Tod eines anderen und das Leben eines anderen unsern Tod. Wer schießt, auf den wird geschossen. Das geschriebene Gesetz nennt dies legitime Notwehr. Wenn diese Frau jemals unbewußt den Tod ihres Kindes gewünscht hat, so tat sie dies aus legitimer Notwehr. Also ist sie nicht schuldig.«

Dann stand dein Vater auf, er weinte nicht mehr. Aber kaum hatte er die Lippen zum Sprechen geöffnet, begann sein Kinn zu zittern und die Tränen kamen von neuem. Wieder hielt er die Hände vor die Augen und sank auf seinen Sitz zurück. »Sie verzichten also auf Ihr Wort?« fragte der Arzt verärgert. Dein Vater senkte fast unmerklich, bejahend den Kopf. »Doch auf Ihre Stimmabgabe dürfen Sie nicht verzichten«, drängte der Arzt.

Dein Vater schluchzte auf. »Ihr Votum, bitte!« Dein Vater putzte sich die Nase. »Schuldig oder nicht schuldig?« Dein Vater tat einen langen Seufzer und murmelte: »schuldig.« Da geschah etwas Furchtbares: meine Freundin drehte sich zu ihm und spuckte ihn an. Und während er sich, blaß geworden, abwischte, schrie sie ihn an: »Feigling! Gemeiner, scheinheiliger Kerl! Du hast sie doch nur deswegen angerufen, damit sie es beseitigen soll. Du hast dich doch wie ein Deserteur zwei Monate lang versteckt gehalten. Du bist doch nur zu ihr gegangen, weil ich dich darum gebeten hatte. So macht ihr das doch, nicht wahr? Ihr bekommt es mit der Angst zu tun und laßt uns allein, und dann sieht man euch höchstens, wenn es um die Vaterschaft geht, wieder. Was kostet sie euch denn, diese Vaterschaft? Vielleicht einen lächerlich dicken Bauch? Die Leiden der Geburt, die Qualen des Stillens? Die Frucht eurer Vaterschaft wird euch prompt serviert wie eine gargekochte Suppe, wird euch aufs Bett gebreitet wie ein frischgebügeltes Hemd. Ihr braucht ihm doch nur einen Familiennamen zu geben, wenn ihr verheiratet seid, und nicht einmal den, wenn ihr euch davongemacht habt. Die Frau trägt alle Verantwortung, allen Schmerz, alle Beschimpfung. Wenn sie mit euch im Bett gewesen ist, nennt ihr sie Hure. Eine männliche Form von Hure steht nicht im Wörterbuch: wollte man sie bilden, wäre es ein Sprachverstoß. Seit Jahrtausenden oktroyiert ihr uns eure Vokabeln, eure Vorschriften, eure Mißbräuche. Seit Jahrtausenden benutzt ihr ungestraft unsern Körper. Seit Jahrtausenden verdammt ihr uns zum Schweigen und zwängt uns in die Mutterrolle. In jeder Frau sucht ihr die Mutter. Von jeder Frau verlangt ihr, daß sie euch Mutter sein soll: sogar, wenn sie eure eigene Tochter ist. Ihr sagt, daß wir nicht eure Muskeln haben, aber dann beutet ihr unsere Arbeitskraft aus, damit wir euch sogar die Schuhe putzen. Ihr sagt, daß wir nicht euren Verstand haben, aber dann beutet ihr unsere Intelligenz aus, damit wir sogar mit eurem Lohn haushalten. Immer bleibt ihr Kinder, bis ins Alter hinein, Kinder, die gefüttert, gesäubert, bedient, beraten, getröstet, vor ihren eigenen Fehlern und Bequemlichkeiten beschützt werden müssen. Ich verachte euch. Und verachte mich selbst, weil ich nicht ohne euch sein kann, weil ich euch nicht öfter anschreie: wir haben es satt, euch zu bemuttern! Und wir haben das Wort Mutter satt, das ihr in eurem Interesse, für euren Egoismus geheiligt habt. Ich müßte auch Sie anspucken, Herr Doktor. Sie, der Sie in einer Frau nur einen Uterus und zwei Eierstöcke sehen, doch niemals einen Verstand. Sie, der Sie beim Anblick einer schwangeren Frau denken: »Erst hat sie ihren Spaß gehabt, und dann kommt sie zu mir.« Haben Sie denn nie Ihren Spaß gehabt, Herr Doktor? Haben Sie denn nie den Lebenskult vergessen? Sie setzen sich so ausgezeichnet auf dem Zellulargebiet für ihn ein, daß man schon sagen könnte, Sie beneiden das, was Ihre Kollegin als Wunder der Mutterschaft bezeichnet. Aber nein, das möchte ich doch ausschließen. Dieses Wunder ist für Sie ein Opfer. Als Mann wüßten Sie ihm nicht zu begegnen. Hier wird nicht einer Frau der Prozeß gemacht, Herr Doktor: hier wird allen Frauen der Prozeß gemacht. Ich habe also das Recht, ihn auf Sie selbst umzukehren. Und merken Sie sich gut, Herr Doktor: Mutterschaft ist keine moralische Pflicht. Sie ist bewußte Entscheidung. Diese Frau hatte eine bewußte Entscheidung getroffen und wollte niemanden umbringen. Sie, Herr Doktor, haben sie umbringen wollen, als Sie ihr gar noch den Gebrauch ihres Verstandes untersagten. Also müßten Sie in diesem Käfig sein, und das nicht wegen verweigerter Hilfeleistung an Milliarden dummer Spermatozoen, sondern wegen versuchten Frauenmords. Wonach ich es wahrlich für überflüssig halte, noch zu erklären, daß die Angeklagte nicht schuldig ist.«

Dann erhob sich der Commendatore mit einem Ausdruck geheuchelter Verlegenheit. Er wisse nicht, wofür er sich aussprechen solle, meinte er zu Beginn, denn in diesem Geschworenengericht käme er sich wie ein Fremder vor. Die andern hätten zu der Angeklagten eine berufliche oder gefühlsmäßige Bindung, das Kind eingeschlossen: er jedoch sei lediglich ihr Arbeitgeber. Als solcher könne er sich über den Ausgang der Dinge eigentlich nur freuen: obwohl er seiner Großzügigkeit freien Lauf gelassen habe, sei ihm doch diese Schwangerschaft stets als eine Behinderung erschienen. Schlimmer noch: als eine Katastrophe, die ihm einen großen Geldverlust bescheren würde. Man brauche nur an das Gehalt zu denken, das man ihr in Befolgung eines absurden und bedauerlichen Gesetzes hätte weiterzahlen müssen. Das Kind war vernünftig gewesen, vernünftiger als die Mutter. Vor allem hatte es durch seinen Tod den guten Namen des Unternehmens erhalten. Was hätte nur das Publikum angesichts einer Angestellten gedacht, die einen Säugling auf dem Arm hält und nicht einmal verheiratet ist! Er scheue sich nicht, zuzugeben: wäre die Frau einverstanden gewesen, so hätte er ihr geholfen, sich dieser Unannehmlichkeit zu entledigen. Aber er sei ja nicht nur ein Industrieller: sondern auch ein Mensch. Und die Geschworenen vor ihm, natürlich die männlichen Geschworenen, hätten einen Gewissenswandel bei ihm bewirkt. Der Arzt mit seiner Logik und Moral, der Kindesvater mit seinem tiefen Schmerz. Bei genauerem Überlegen könne er gar nicht anders als sich den Argumenten des ersten und der Trauer des zweiten anzuschließen. Ein Kind gehört ebensosehr dem Vater wie der Mutter: wurde also das Verbrechen begangen, so handelte es sich hier um ein zweifaches Verbrechen, das nicht nur einem Kind das Leben genommen, sondern auch einem Erwachsenen das Leben zerstört hat. Gewiß, es müsse entschieden werden, ob es ein Verbrechen gegeben habe oder nicht: doch könnte dies überhaupt noch in Frage stehen? Brauchte es dazu eines noch erdrückenderen Beweises als die Zeugenaussage des Arztes? Dieser sei noch nachsichtig gewesen, als er vage von Egoismus gesprochen hätte. Er, der Commendatore, könne Beweggrund und unmittelbaren Anlaß nennen. Die Angeklagte habe befürchtet, daß mit der bekannten Reise ein Kollege und Konkurrent beauftragt werden könnte. Daher habe sie so überstürzt das Krankenhaus verlassen und die Reise angetreten, ohne jede Rücksicht auf das Leben, das sie in ihrem Schoß trug. Ohne jedes Erbarmen. Ihre Verbündete möge nur spukken und schimpfen. Die Angeklagte sei schuldig.

Da suchte ich mit den Augen meinen Vater und meine Mutter. Ich flehte sie stumm an, denn sie waren nun meine letzte Hoffnung. In ihrem Blick der Erwiderung lag Mutlosigkeit. Sie sahen erschöpft aus, viel älter geworden seit Beginn des Prozesses. Der Kopf hing ihnen herunter, als könnten sie sein Gewicht nicht mehr tragen, sie zitterten am ganzen Körper, als wäre ihnen kalt, und alles in ihnen war ermattet, ein wehmütiges Resignieren, das sie von den andern isolierte: verbunden wie sie waren in ihrer gemeinsamen Verzweiflung. Sie hielten sich bei der Hand, um einander beizustehen. So baten sie um die Erlaubnis, sitzenzubleiben. Die Erlaubnis wurde ihnen erteilt. Dann sah ich sie leise miteinander reden, wahrscheinlich einigten sie sich, wer als erster sprechen sollte. Zuerst hat er gesprochen. Er sagte: »Ich habe zweimal Schmerz erlitten. Den ersten, als ich erfuhr, daß es dieses Kind gab, und den zweiten, als ich erfuhr, daß es dieses Kind nicht mehr gab. Ich hoffe, daß mir ein dritter Schmerz hier erspart bleibt: zu erleben, wie meine Tochter verurteilt wird. Auf welche Weise sich die Dinge abgespielt haben, weiß ich nicht. Keiner von Ihnen kann das wissen, weil keiner in die Seele eines andern eindringen kann. Aber sie hier ist meine Tochter, und für einen Vater sind seine Kinder nicht schuldig. Nie.« Gleich darauf sprach meine Mutter. Sie sagte: »Sie ist mein Kind, und sie wird immer mein Kind bleiben. Mein Kind kann nichts Böses tun. Als sie mir von ihrer Schwangerschaft schrieb, erwiderte ich ihr: ›Wenn du so entschieden hast, dann heißt es, daß es richtig ist.‹ Hätte sie mir geschrieben, daß sie das Kind nicht wolle, hätte ich dasselbe erwidert. Uns steht ein Urteil nicht zu, und Ihnen ebensowenig. Sie haben nicht das Recht, sie anzuklagen noch sie zu verteidigen, denn Sie stecken nicht in ihr, nicht in ihren Gedanken und nicht in ihrem Herz. Keine Ihrer Zeugenaussagen hat Gewicht. Hier gibt es nur einen Zeugen, der uns erklären könnte, wie die Dinge gewesen sind. Dieser Zeuge ist das Kind, und das kann nicht . . .« Da unterbrachen sie die andern im Chor: »Das Kind! Das Kind!« Ich klammerte mich an den Käfig und schrie: »Nicht das Kind! Nicht das Kind!« Und während ich so schrie . . .

Ja, während ich so schrie, hörte ich auf einmal deine Stimme: »Mama!« Mir stockte der Atem, weil es das erste Mal war, daß mich jemand Mama nannte, weil ich zum erstenmal deine Stimme hörte und weil es nicht die Stimme eines Kindes war. Es war die Stimme eines Erwachsenen, eines Mannes. Ich dachte: ›Er war Mann!‹ Und dann dachte ich: ›Er war Mann, er wird mich verurteilen.‹ Und endlich dachte ich: ›Ich will ihn sehen.‹ Meine Augen suchten überall im Käfig, außerhalb, bei den Sitzen, jenseits der Sitze, auf dem Boden, an den Wänden. Aber sie fanden dich nicht. Es gab dich nicht. Es gab nur Totenstille. Und in dieser Totenstille erklang deine Stimme von neuem: ›Mama! Laß mich reden, Mama. Fürchte dich nicht. Man darf sich nicht vor der Wahrheit fürchten. Sie ist ja auch schon gesagt worden. Ein jeder von ihnen hat eine Wahrheit gesagt, du weißt es: du hast mich gelehrt, daß die Wahrheit aus vielen unterschiedlichen Wahrheiten besteht. Die dich angeklagt haben und die dich verteidigt haben, die dich freigesprochen und die dich verurteilt haben, sie alle sind im Recht. Aber diese Urteile haben kein Gewicht.

Dein Vater und deine Mutter haben das Richtige erwidert: daß man sich nicht in die Seele eines andern hineinversetzen kann und daß ich der einzige Zeuge bin. Nur ich, Mama, kann sagen, daß du mich getötet hast, ohne mich zu töten. Nur ich kann erklären, wie du es getan hast und warum. Ich hatte nicht danach verlangt, geboren zu werden, Mama. Keiner verlangt danach. Da unten im Nichts ist kein Wille und keine Wahl. Da ist das Nichts. Wenn der Riß eintritt und wir merken, daß wir anfangen, fragen wir uns nicht einmal, wer dies gewollt hat und ob es gut oder schlecht ist. Wir akzeptieren es einfach und warten dann, bis wir herausfinden, ob es uns gefällt, es akzeptiert zu haben. Ich fand nur allzu schnell heraus, daß es mir gefiel. Bei all deinen Ängsten und bei all deinem Zaudern warst du so tüchtig, mich davon zu überzeugen, daß es schön ist, geboren zu werden, und eine Freude, dem Nichts zu entfliehen. Wenn du erst einmal geboren bist, darfst du nicht verzagen, hast du gesagt: auch nicht, wenn du leidest oder stirbst. Wenn man stirbt, so heißt das, man ist geboren worden und aus dem Nichts herausgetreten, und nichts ist schlimmer als das Nichts: schlimm ist, sagen zu müssen, man ist nicht gewesen. Dein Glaube hat mich verführt, deine Anmaßung. Sie schien wirklich die Anmaßung längst vergangener Zeiten zu sein, als das Leben auf die Weise explodierte, wie du es mir erzählt hast. Ich glaubte dir, Mama. Zusammen mit dem Wasser, das mich umschlossen hielt, trank ich jeden deiner Gedanken. Und jeder deiner Gedanken hatte den Geschmack einer Offenbarung. Konnte es anders sein? Mein Körper war nur ein Projekt, das sich in dir und durch dich entwickelte; mein Verstand war nur ein Versprechen, das sich in dir und durch dich verwirklichte. Ich lernte lediglich, was du mir gegeben hast, wußte nichts von dem, was du mir nicht gegeben hast: alles, was ich an Licht und Bewußtsein aufnahm, warst du. Wenn du allen und allem getrotzt hast, um mich dem Leben entgegenzubringen, dann mußte das Leben wirklich ein sublimes Geschenk sein, dachte ich.

Aber dann nahmen deine Unsicherheiten und deine Zweifel zu, einmal hast du mir geschmeichelt, einmal gedroht, einmal warst du zärtlich, dann wieder böse, einmal mutig, einmal voller Angst. Um mit deiner Angst fertigzuwerden, Mama, hast du eines Tages die Entscheidung über das Dasein mir zugeschoben und gesagt, du wärst einer Forderung von mir nachgekommen und nicht deinem eigenen Entschluß. Du hast mich sogar beschuldigt, dein Herr und Meister zu sein: du mein Opfer, nicht ich deines. Du bist so weit gegangen, mir Vorwürfe zu machen und mich zu beschimpfen, weil ich dir Schmerzen verursacht habe. Du hast mich sogar zu provozieren versucht, indem du mir erklärtest, was das Leben bei euch ist: eine Falle ohne Freiheit, Glück, Liebe. Ein Ort der Unterdrückung und Gewalttätigkeit, dem ich mich nicht würde entziehen können. Immer und immer wieder hast du mir vor Augen geführt, daß es in dem Ameisenhaufen keine Rettung gibt und man seinen tristen Gesetzen nicht entkommt. Magnolien sind dazu da, damit man Frauen auf sie wirft, Schokolade wird von denen gegessen, die keine brauchen, das Morgen ist erst ein Mann, den man wegen eines Stücks Brot erschießt, dann ein Sack voll schmutziger Unterhosen. Sie hörten immer mit einer Frage auf, deine traurigen Märchen: lohnt es sich überhaupt, daß du deine Geborgenheit verläßt, um zu uns zu kommen? Du hast mir nie erzählt, daß man eine Magnolienblüte auch pflücken kann, ohne zu sterben, daß man eine feine Praline auch essen kann, ohne gedemütigt zu werden, daß das Morgen besser sein kann als das Gestern. Und als dir das bewußt wurde, war es zu spät: ich war schon im Begriff, mich selber umzubringen. Nicht weinen, Mama: ich weiß sehr wohl, daß du auch dies aus Liebe getan hast, um mich darauf vorzubereiten, daß ich nicht klein beigeben soll an dem Tag, an dem mich Entsetzen befällt, weil ich existiere. Es ist nicht wahr, daß du nicht an die Liebe glaubst, Mama. Du glaubst so sehr an sie, daß du dich quälst, weil du so wenig von ihr siehst und weil das, was du siehst, nie vollkommen ist. Du bist ganz Liebe. Aber genügt es, an die Liebe zu glauben, wenn man nicht an das Leben glaubt? Sowie ich begriffen hatte, daß du nicht an das Leben glaubst und es dir Mühe macht, in ihm zu sein und mich zu ihm zu bringen, erlaubte ich mir meine erste und letzte Entscheidung: es abzulehnen, geboren zu werden, die ein zweites Mal den Mond zu verweigern. Inzwischen konnte ich das, Mama. Mein Denken war nicht mehr dein Denken: ich hatte jetzt mein eigenes. Vielleicht kein großes, vielleicht nur ein angedeutetes, doch es war immerhin zu dieser Schlußfolgerung fähig: wenn das Leben eine Quälerei ist, warum dann erst hineingehen? Du hast mir nie gesagt, warum man geboren wird. Und du warst ehrlich genug, mir nicht die Legenden aufzuschwatzen, die ihr euch zum Trost erfunden habt: der allmächtige Gott, der nach seinem Ebenbild erschafft, die Suche nach dem Guten, der Wettlauf nach dem Paradies. Deine einzige Erklärung bestand darin, daß auch du geboren worden warst und vor dir deine Mutter und vor deiner Mutter die Mutter deiner Mutter: zurück zu einem Gestern, dessen Spuren sich verlieren. Also wurde man geboren, weil andere geboren worden waren und damit wieder andere geboren würden: eine immer gleiche Weitervermehrung. Wenn dies nicht so wäre, sagtest du mir einmal, würde das Menschengeschlecht aussterben. Ja, es würde gar nicht erst existieren. Aber warum sollte es denn existieren, warum muß es denn existieren, Mama? Was ist sein Sinn und Zweck? Ich will es dir sagen, Mama: die Erwartung des Todes, des Nichts. In meinem Universum, das du Ei nanntest, gab es einen Sinn und Zweck: geboren zu werden. Aber in deiner Welt ist der Sinn und Zweck nur das Sterben: das Leben ist ein Todesurteil. Ich sehe nicht ein, warum ich aus dem Nichts hätte hinaustreten sollen, um ins Nichts zurückzukehren.«

Da verstand ich, wie groß und nicht wiedergutzumachen der Schaden war, den ich dir und mir selbst und den Dingen zugefügt hatte, an die zu glauben ich mich zwinge: geboren werden, um glücklich, frei und gut zu sein, um sich für das Glück, die Freiheit und das Gute zu engagieren; geboren werden, um zu erforschen, zu wissen, zu entdecken und zu erfinden. Um nicht zu sterben. Und voller Entsetzen wünschte ich mir, dies alles wäre nur ein Traum, ein Alptraum, aus dem ich erwachen würde, um dich, du Kind in mir, lebend in mir wiederzufinden und noch einmal zu beginnen, ohne daß ich in Schrecken gerate, mich ungeduldig zeige und auf den Glauben verzichte, den man Hoffnung nennt. Ich rüttelte am Käfig und sagte mir, daß es ihn nicht gibt. Der Käfig widerstand. Es war wirklich ein Käfig, es war wirklich ein Gericht, und es hatte wirklich einen Prozeß gegeben, in dem du mich für schuldig befunden hattest, weil ich mich selbst für schuldig hielt, und mich verurteilt hattest, weil ich mich selbst verurteilte. Es mußte nur noch die Strafe festgesetzt werden, und die stand außer Zweifel: das Leben verweigern und mit dir zusammen ins Nichts zurückkehren. Ich streckte dir meine Arme entgegen. Ich flehte, du solltest mich mitnehmen, augenblicklich. Und du bist zu mir gekommen und hast gesagt: »Aber ich verzeihe dir doch, Mama. Weine nicht. Ich werde ein andermal geboren werden.«

Wunderbare Worte, Kind, doch nur Worte und nichts weiter. Alle Spermien und alle Ovula auf Erden, vereint in allen nur möglichen Kombinationen, könnten dich nie und nimmer wiedererschaffen, wie du warst und hättest werden können. Niemals wirst du wiedergeboren. Und ich spreche immer noch mit dir, aus reiner Verzweiflung.

Tagelang bist du jetzt schon da drin eingeschlossen, ohne zu leben und ohne wegzugehen. Die Ärztin ist verwundert und in großer Sorge. Sie sagt, ich kann sterben, wenn ich dich nicht beseitige. Ich verstehe das völlig und füge noch hinzu: ich habe nicht die mindeste Absicht, mich in einem solchen Ausmaß zu bestrafen und dich noch zum Mittel meiner Selbstverurteilung in jenem absurden Prozeß zu machen. Die Schwere des Leids genügt mir. Aber gleichzeitig habe ich auch keinerlei Eile, dich zu beseitigen, und es wäre schwierig, dafür einen Beweggrund zu finden. Ob es die Gewohnheit des Zusammenseins ist, zusammen einzuschlafen, zusammen aufzuwachen, zu wissen, daß ich allein bin, ohne allein zu sein? Oder vielleicht die unsinnige Vermutung, es könnte sich um einen Irrtum handeln und man sollte lieber noch warten? Oder auch, weil mir gar nichts mehr daran liegt, wieder zu dem zu werden, was ich vorher gewesen bin? Ich hatte mir so sehr gewünscht, wieder Herrin über mein eigenes Schicksal zu sein. Jetzt, da ich es bin, liegt mir nichts mehr daran. Das ist wieder eine von den unzähligen Wahrheiten, die du durch deine Geburt hättest entdecken können und die dir entgangen sind: man rackert sich ab, um ein Vermögen oder eine Liebe oder eine Freiheit zu bekommen, tut das Äußerste, um irgend etwas zu erreichen, was einem zusteht, und hat man es dann endlich, macht es einem keine Freude mehr. Man vertut es oder beachtet es nicht und meint vielleicht, daß man gern umkehren und die Kämpfe und Quälereien von neuem auf sich nehmen würde. Hat man seinen Wunschtraum erreicht, fühlt man sich verloren. Glücklich, wer sich sagen kann: »Ich will gehen, ich will nicht ankommen.« Ankommen ist sterben: während du gehst, kannst du dir nur Ruhepausen gönnen. Könnte ich doch wenigstens überzeugt sein, daß du eine Ruhepause gewesen bist und sonst nichts, daß ein Tod dem Leben nicht Einhalt gebietet, daß das Leben nicht auf dich angewiesen war und dieser

Schmerz zu etwas und für jemand gut gewesen ist. Doch für wen ist ein Kind gut, das stirbt, und eine Mutter, die verzichtet, Mutter zu sein? Für die Moralisten, die Juristen, die Theologen, die Reformer? Da muß man sich gegebenenfalls fragen, wer von ihnen wohl diese Geschichte für sich auswertet und wie der Urteilsspruch ihres Tribunals lauten wird. Verdiene ich die Solidarität der Mehrheit oder ihre Beschimpfung? Habe ich den Moralisten oder den Juristen oder den Reformern einen Dienst erwiesen? Habe ich gesündigt, indem ich dich zum Selbstmord trieb und dich mordete, oder habe ich gesündigt, indem ich dir eine Seele zuerkannte, die du nicht hattest? Hör nur, wie sie debattieren, wie sie rufen: sie hat Gott gelästert, nein, sie hat die Frauen gelästert; sie hat ein Problem verhöhnt, nein, sie hat einen Beitrag dazu geleistet; sie hat begriffen, daß das Leben etwas Heiliges ist, nein, sie hat begriffen, daß das Leben eine Farce ist. Geradeso, als könnte man das Dilemma des Existierens oder Nichtexistierens mit der einen oder anderen Sentenz, mit dem einen oder andern Gesetz abtun und als wäre es nicht die Aufgabe jeder einzelnen Kreatur, es von sich aus und für sich selbst zu lösen. Geradeso, als eröffneten sich durch das intuitive Erfassen einer Wahrheit nicht Fragen zu einer entgegengesetzten Wahrheit und als wären nicht alle beide gültig. Was ist Sinn und Zweck ihrer Prozesse und Kontroversen? Festzusetzen, was erlaubt ist und was nicht? Zu entscheiden, wo das Recht ist? Was du sagtest, Kind, stimmt: es war in allen zusammengenommen. Auch das Gewissen enthält viele Gewissen: ich bin dieser Arzt und diese Ärztin, bin meine Freundin und der Commendatore, bin meine Mutter und mein Vater, bin dein Vater und du. Ich bin, was ein jeder von euch zu mir gesagt hat. Und Täler von Traurigkeit breiten sich vor mir aus, wo Blumen des Stolzes vergebens blühen.

Dein Vater hat mir wieder geschrieben. Diesmal einen Brief, der mich nachdenklich stimmt. Er sagt: »Ich kenne Dich gut genug, um Dich nicht mit der Versicherung trösten zu wollen, daß Du recht hattest, das Kind für Dich statt Dich für das Kind zu opfern. Du weißt besser als ich (Du hast es mir zugeschrien, als Du mich fortgeschickt hast), daß eine Frau kein Huhn ist und nicht alle Hühner ihre Eier ausbrüten, sondern viele sie verlassen und andere sie austrinken. Wir verurteilen sie darum nicht, jedenfalls nicht mehr als die Natur, die durch Krankheiten und Erdbeben tötet. Ich kenne Dich auch gut genug, um Dich nicht daran zu erinnern, daß die Grausamkeit der Natur und bestimmter Hühner Logik und Vernunft enthält: würde jede Möglichkeit zu einer Existenz wirklich eine Existenz, kämen wir um wegen Mangel an Raum. Du weißt besser als ich, daß niemand unersetzbar ist und die Welt auch ohne die Geburt des Homer und Ikarus und Leonardo da Vinci und Jesus Christus zurechtgekommen wäre. Das Kind, das Du verlieren wolltest, läßt keine Leere hinter sich, sein Tod ist weder für die Gesellschaft noch für die Zukunft ein Schaden. Es verwundet nur Dich, und im Übermaß, weil Deine Gedanken dieses traurige Ereignis zum Drama gesteigert haben, das vielleicht gar kein

Drama ist. (Armer Liebling: Du hast entdeckt, daß denken gleichbedeutend ist mit leiden und intelligent sein gleichbedeutend ist mit unglücklich sein. Leider ist Dir ein dritter wesentlicher Punkt entgangen: der Schmerz ist das Salz des Lebens und ohne ihn wären wir nicht Mensch.) Ich schreibe Dir also nicht, um Dir mein Bedauern auszusprechen. Ich schreibe Dir, um Dich zu beglückwünschen und anzuerkennen, daß Du gesiegt hast. Aber nicht etwa, weil Du die Plackerei einer Schwangerschaft und einer Mutterschaft abgeschüttelt hast: sondern weil Du es fertiggebracht hast, nicht zum Nutzen anderer nachzugeben, Gottes Nutzen inbegriffen. Genau das Gegenteil dessen, was mir widerfuhr. Oh, ja. Die Eifersucht auf diejenigen, die an Gott glauben, überkam mich in diesen letzten Monaten mit solcher Macht, daß sie zur Versuchung wurde, und ich bin der Versuchung erlegen. Ich gestehe es und gebe damit auch meine Ermüdung zu. Gott ist ein Ausrufezeichen, mit dem man alle Scherben zusammenflickt: wenn einer an Ihn glaubt, so heißt dies, daß er müde ist und es allein nicht mehr schafft. Du bist nicht müde, denn Du bist der Inbegriff des Zweifels. Für Dich ist Gott ein Fragezeichen aus unendlich vielen Fragezeichen. Nur wer sich mit Fragen quält, um Antworten zu finden, kommt weiter; nur wer nicht der Bequemlichkeit nachgibt, an Gott zu glauben, um sich an ein Floß zu hängen und auszuruhen, der kann noch einmal beginnen: um sich noch einmal zu widersprechen, sich noch einmal zu widerlegen, noch einmal dem Schmerz nachzugeben. Unsere Freundin benachrichtigt mich, daß das Kind noch in Dir ist und Du Dich weigerst, Dich von ihm freizumachen, fast als wolltest Du es dazu benutzen, Deine Inkonsequenz zu bestrafen und Dir das Leben zu versagen. Wahrscheinlich teilt sie mir das mit, damit ich Dich bitten soll, nicht in diesem Wahnsinn zu verharren. Statt dessen sage ich Dir voraus, daß Du ihn ohnehin nicht mehr lange durchhalten wirst. Du hängst viel zu sehr am Leben, um seinen Ruf nicht zu vernehmen. Kommt er, wirst Du ihm nachgehen wie jener Hund bei Jack London, der heulend den Wölfen nachgeht und Wolf unter Wölfen wird.«

Tatsächlich, morgen kehren wir nach Hause zurück. Und wenn mir auch das Wort morgen wie eine Beleidigung für dich, wie eine Drohung für mich klingt, kann ich gar nicht anders als mich umschauen und zur Kenntnis nehmen, daß morgen ein Tag voller guter Aussichten ist.

Sie empfingen mich mit heller Begeisterung, als hätte ich ein Fuß- oder Ohrenleiden gehabt und würde nun einen Genesungsurlaub antreten. Sie beglückwünschten mich zu der Arbeit, die ich trotz-aller-Schwierigkeiten zu Ende gebracht hatte. Sie führten mich zum Essen aus. Und kein Wort über dich. Als ich es dann versuchte, waren sie halb ausweichend, halb verlegen: als berührte ich ein peinliches Thema und sie wollten mir zu verstehen geben denken-wir-nicht-mehr-daran-vorbei-ist-vorbei. Später nahm mich meine Freundin beiseite und sagte in einem Ton, wie um mich an eine wichtige Verabredung zu erinnern, sie hätte mit dem Arzt gesprochen und der sei der Meinung, man dürfe nicht mit deinem spontanen Abgang rechnen: würde ich dich nicht entfernen lassen, müßte ich an Blutvergiftung sterben. Ich muß eine Entscheidung treffen: es wäre doch widersinnig, wenn du um der Wiederherstellung des Gleichgewichts willen mich umbringen würdest. Ich habe noch so viele Dinge zu tun. Du hast sie ja nie begonnen, ich schon. Beispielsweise muß ich meine Karriere weiter ausbauen und beweisen, daß ich nicht weniger tüchtig bin als ein Mann. Ich muß gegen die Bequemlichkeit der Ausrufezeichen angehen und die Menschen dazu bringen, sich öfter dem Warum zu stellen. Ich muß mein Selbstmitleid aufgeben und mich davon überzeugen, daß der Schmerz nicht das Salz des Lebens ist. Das Salz des Lebens ist das Glück, und das Glück existiert: es liegt darin, daß man ihm nachjagt. Schließlich muß ich noch das Geheimnis aufspüren, das man Liebe nennt. Nicht diejenige, die man in einem Bett durch gegenseitige Berührung verbraucht. Diejenige, die ich mit dir kennenlernen sollte. Du fehlst mir, Kind. Du fehlst mir, wie mir ein Arm, ein Auge, die Stimme fehlen würde: und doch fehlst du mir schon weniger als gestern oder als heute früh. Es ist eigenartig. Man könnte sagen, das Leid nimmt von Stunde zu Stunde ab, um sich in einer Parenthese zu schließen. Die Wölfe haben schon begonnen, mich zu rufen, und es ist unwichtig, daß sie noch weit weg sind: werden sie sich nähern, das weiß ich genau, werde ich ihnen folgen. Habe ich wirklich so tief und so lange gelitten? Ich frage es mich verwundert. In einem Buch las ich einmal, daß man die Schwere einer erlittenen Qual erst dann erkennt, wenn man sie hinter sich gebracht hat und ganz verwundert ausruft: wie habe ich nur diese Hölle ertragen können? Es muß schon so sein, und das Leben ist außerordentlich. Es heilt die Wunden unglaublich schnell. Blieben nicht die Narben, wir würden uns nicht mehr daran erinnern, daß aus ihnen Blut geflossen ist. Übrigens verschwinden sogar die Narben. Verblassen und vergehen. Auch mir wird es so ergehen. Wird ergehen? Ich muß es soweit bringen. Weil ich es so will. Weil ich es verlange. Also nehme ich jetzt dein Bild von der Wand und lasse mich nicht mehr länger von deinen weitaufgerissenen Augen beeindrucken. Und verstecke die anderen Fotografien, nein, zerreiße sie. Und diese Rückentrage, die ich wie einen Sarg hinter mir hergeschleppt habe, schlage ich in Stücke und werfe sie in die Verbrennungsanlage. Ich verstecke deine Anziehsachen, ich will sie dann jemand anderm schenken, nein, ich schmeiße sie weg. Und ich melde mich beim Arzt an und sage ihm, daß ich einverstanden bin, an einem dieser Tage muß man dich ausreißen. Vielleicht rufe ich auch deinen Vater oder sonst jemanden an und gehe heute abend mit ihm ins Bett: ich habe die Keuschheit satt. Du bist tot, ich aber bin lebendig. So lebendig, daß ich nichts bereue und keine Prozesse oder Urteile akzeptiere, auch nicht deine Verzeihung. Die Wölfe sind schon ganz in der Nähe, und ich bin kräftig genug, dich noch hundertmal zu gebären, ohne Gott oder wen sonst noch um Hilfe anzuflehen . . . Gott, ist mir übel! Mir ist plötzlich schlecht. Was ist das? Wieder die Stiche. Sie gehen bis ins Hirn und löchern es wie damals. Ich schwitze. Fieber steigt in mir auf. Unser Augenblick ist da, Kind: der Augenblick unserer Trennung. Ich will ihn nicht. Ich will nicht, daß sie dich mit dem Löffel ausreißen und in den Abfalleimer werfen zu schmutziger Watte und Mullbinden. Ich möchte es nicht. Doch ich habe keine Wahl. Gehe ich jetzt nicht schleunigst ins Krankenhaus, damit sie dich losmachen von diesem Bauch, an den du dich festgeklammert hast, bringst du mich um. Und das kann ich nicht zulassen. Ich darf es nicht. Du hast dich geirrt, Kind, als du sagtest, ich würde nicht an das Leben glauben. Und ob ich daran glaube! Ich mag es mit allen seinen Gemeinheiten und will es erleben, koste es, was es wolle. Ich muß mich beeilen, Kind. Ich sage dir mit Entschiedenheit adieu!

Über mir ist eine weiße Zimmerdecke und neben mir in einem Glas bist du. Sie wollten nicht, daß ich dich sehe, aber dann überredete ich sie doch, indem ich ihnen sagte, ich hätte ein Recht darauf, und so haben sie dich hierhergestellt. Dabei haben sie mißbilligend das Gesicht verzogen. Endlich sehe ich dich. Und fühle mich zum Narren gehalten, denn du hast wahrhaftig nichts gemein mit dem Kind auf der Fotografie. Du bist kein Kind: du bist ein Ei. Ein in rosarotem Alkohol schwimmendes graues Ei, in dem man nichts erkennt. Es war viel früher mit dir zu Ende, als sie es merkten: du hast es nie geschafft, Nägel und eine Haut und die unendlichen Reichtümer zu haben, die ich dir zuerkannt hatte. Ein Geschöpf meiner Phantasie, gelang es dir gerade noch, dem Wunsch nach zwei Händen und zwei Füßen Ausdruck zu verleihen, etwas, das einem Körper ähnlich sieht, der Andeutung eines Gesichts mit einem Näschen und zwei mikroskopisch kleinen Augen. In Wahrheit habe ich einen kleinen Fisch geliebt. Und aus Liebe zu einem kleinen Fisch erfand ich mir einen Kalvarienberg, der auch mich in Gefahr brachte, dabei umzukommen. Das kann ich nicht akzeptieren. Warum habe ich dich nicht schon eher wegnehmen lassen? Warum habe ich soviel kostbare Zeit vertan und zugelassen, daß du mich vergiftest? Es geht mir schlecht, sie scheinen alle in großer Sorge zu sein. Sie haben mir Nadeln in den rechten Arm und in den linken Puls eingeführt, von den Nadeln aus winden sich dünne Schläuche wie Schlangen zu den Flaschen hinauf. Die Krankenschwester bewegt sich, als hätte sie Watte unter den Füßen. Von Zeit zu Zeit kommt ein Arzt mit einem anderen Arzt herein, und sie sprechen ein paar Sätze miteinander, die ich nicht verstehe, die aber wie Drohungen klingen. Was gäbe ich darum, wenn meine Freundin oder dein Vater kämen, oder besser noch meine Eltern: ich hatte geglaubt, ihre Stimmen zu hören. Aber es kommt niemand außer diesen beiden im weißen Kittel: ist der eine derselbe, der mich verurteilt hat? Eben ist er wütend geworden. Er sagte: »Verdoppeln!« Was verdoppeln? Das Strafmaß? Ich habe es doch schon abgebüßt, muß ich noch einmal von vorn anfangen? Und dann: »Rasch! Merken Sie denn nicht, daß es zu Ende geht?« Was geht zu Ende? Eine Infusion, eine Person, das Leben? Das Leben kann nicht zu Ende gehen, wenn man nicht will: hier stirbt keiner. Nicht einmal du, denn du bist schon gestorben. Gestorben, ohne zu wissen, was es heißt,

lebendig zu sein: ohne zu wissen, was Farbe, Geschmack, Geruch, Klang, Gefühl und Denken ist. Das ist eine Demütigung für mich. Denn was nützt es, wie eine Möwe im Blauen zu fliegen, wenn man nicht andere Möwen hervorbringt, die andere und wieder andere hervorbringen, damit sie im Blauen fliegen können? Was nützt es, wie Kinder zu spielen, wenn man nicht andere Kinder hervorbringt, die andere und wieder andere hervorbringen, damit sie spielen und sich vergnügen können? Du hättest durchhalten sollen. Du hast zu rasch aufgegeben und übereilt verzichtet: du warst nicht für das Leben geschaffen. Wer erschrickt schon vor ein paar Märchen, vor zwei oder drei Warnungen? Du warst deinem Vater ähnlich: er findet es bequem, in Gott Ruhe zu haben, du findest es bequem, durch dein Nichtgeborenwerden Ruhe zu haben. Wer von uns beiden ist nun untreu geworden? Ich nicht. Ich bin sehr müde, ich spüre meine Beine nicht mehr, in Abständen vernebeln sich mir die Augen und Schweigen umgibt mich wie Wespengesumme. Aber ich gebe nicht auf, siehst du. Ich halte durch. Wir zwei sind so verschieden. Ich darf nicht einschlafen. Ich muß wachbleiben und nachdenken. Wenn ich nachdenke, halte ich vielleicht durch. Wie lange bist du schon in dem Glas? Stunden, Tage, Jahre? Vielleicht Tage, und mir kommen sie wie Jahre vor: ich kann dich nicht länger in einem Glas lassen. Ich muß dich an einem würdigeren Ort unterbringen: aber wo? Vielleicht unter der Magnolie. Nur, die Magnolie ist weit weg: sie steht in der Zeit, als auch ich noch ganz klein war. Die Gegenwart hat keine Magnolien. Nicht einmal mein Haus. Ich müßte dich nach Hause bringen. Aber morgens. Jetzt ist Nacht: die weiße Decke fängt an, schwarz zu werden. Es ist kalt. Ich ziehe lieber den Mantel an, um hinunterzugehen. Komm jetzt: ich trage dich. Ich möchte dich auf meinem Arm tragen, Kind. Aber du bist so winzig: ich kann dich nicht auf meinem Arm tragen. Ich kann dich auf eine Handfläche nehmen, und das ist alles, was ich kann. Wenn nur nicht ein Windstoß dich wegholt. Aber das ist etwas, was ich nicht verstehe: ein Windstoß kann dich wegholen, und doch bist du so schwer, daß ich wanke. Reich mir deine Hand, bitte: ja, so ist es gut. Also, nun bist du es, der mich führt, der mich leitet. Dann bist du kein Ei und kein kleiner Fisch: ein Kind bist du! Du reichst mir bis an die Knie. Nein, bis ans Herz. Oder bis an die Schulter. Noch über die Schulter. Du bist kein Kind, du bist ein Mann! Ein Mann mit einer starken und freundlichen Hand. Die habe ich jetzt nötig: ich bin alt. Nicht einmal die Stufen kann ich hinabsteigen, wenn du mich nicht stützt. Weißt du noch, wie wir diese Treppe hinauf- und hinuntergegangen sind und aufgepaßt haben, daß wir nicht hinfielen, der eine dicht gedrängt an den andern in einer Umarmung der Gemeinsamkeit? Weißt du noch, wie ich dich gelehrt habe, sie allein zu gehen, du hattest erst vor kurzem zu laufen begonnen, und wie wir die Stufen gezählt und wie wir gelacht haben? Und wie du es gelernt hast und dich dabei keuchend an jedem Treppenvorsprung festgehalten hast, während ich dir mit ausgestreckten Armen nachging? Und der Tag, an dem wir uns gestritten haben, weil du nicht auf meine Mahnungen hören wolltest? Nachher hat es mir leid getan. Ich wollte dich um Verzeihung bitten, brachte es aber nicht fertig. Unter den Wimpern hervor suchte ich dich und auch du suchtest mich unter den Wimpern hervor, bis auf deinen Lippen ein Lächeln spielte und ich verstand, daß du mich verstanden hattest. Was geschah nachher? Meine Gedanken trüben sich, meine Lider werden bleiern. Ist es die Müdigkeit oder das Ende? Ich darf mich am Ende nicht der Müdigkeit überlassen. Hilf mir wachzubleiben, gib mir Antwort: war es schwer, die Flügel zu gebrauchen? Waren es viele, die auf dich geschossen haben? Hast du auch auf sie geschossen? Haben sie dich im Ameisenhügel unterdrückt? Hast du dich von den Enttäuschungen und von dem Ärger unterkriegen lassen oder bist du standhaft geblieben wie ein starker Baum? Hast du herausgefunden, ob es das Glück, die Freiheit, die Liebe gibt? Hoffentlich waren dir meine Ratschläge von Nutzen. Hoffentlich hast du nie die gräßliche Verwünschung ausgestoßen: »Warum bin ich nur auf die Welt gekommen?« Hoffentlich bist du zu dem Ergebnis gekommen, daß es sich gelohnt hat: um den Preis des Leidens und des Sterbens. Ich bin so stolz, daß ich dich um den Preis des Leidens und des Sterbens aus dem Nichts geholt habe. Es ist wirklich kalt, und die weiße Decke ist jetzt ganz schwarz. Aber wir sind angekommen, da steht die Magnolie. Pflücke dir eine Blüte. Mir ist es nie geglückt, dir wird es glücken. Stell dich auf die Zehenspitzen und streck den Arm aus. So. Wo bist du? Du warst doch hier, hast mich gestützt, du bist groß gewesen, ein Mann. Und jetzt bist du nicht mehr da. Hier steht nur ein Glas mit Alkohol, in dem etwas schwimmt, das nicht Mann, nicht Frau werden wollte und dem ich nicht geholfen habe, ein Mann, eine Frau zu werden. Warum hätte ich gesollt, fragst du mich, warum hättest du gesollt? Aber weil es das Leben gibt, Kind! Ich friere nicht mehr, wenn ich sage, daß es das Leben gibt, ich bin nicht mehr müde, ich fühle mich als Leben. Schau, ein Licht geht an. Man hört Stimmen. Jemand rennt, schreit, ist ganz verzweifelt. Aber anderswo kommen tausend, hunderttausend Kinder und Mütter künftiger Kinder auf die Welt: das Leben braucht dich und mich nicht. Du bist gestorben. Vielleicht sterbe auch ich. Doch das zählt nicht. Denn das Leben stirbt nicht.

«Das Buch zu schreiben, war eine fesselnde Aufgabe», sagt der dänische Prähistoriker Bibby in seinem Vorwort. Das Buch zu lesen, ist nicht minder faszinierend. Mit detektivischem Scharfsinn ist Indiz an Indiz gereiht; so entsteht ein lebendiges Bild der Frühzeit im Norden Europas. - Und zugleich ist dieses Buch die Geschichte der prähistorischen Forschung selbst. Wenige haben es bisher gewagt, diese spröde Materie einem großen Leserkreis zugänglich zu machen. Bibby hat es gewagt - und es ist ihm bewunderungswürdig gelungen.